The Book of Phobias and Manias

千奇百怪的恐惧与狂热

Kate Summerscale

[英] 凯特·萨默斯凯尔
——
著

邓婧文
——
译

A History of Obsession

中国出版集团
中译出版社

图书在版编目（CIP）数据

千奇百怪的恐惧与狂热 /（英）凯特·萨默斯凯尔（Kate Summerscale）著；邓婧文译. -- 北京：中译出版社，2023.1
书名原文：The Book of Phobias and Manias: A History of Obsession
ISBN 978-7-5001-7243-7

Ⅰ.①千… Ⅱ.①凯…②邓… Ⅲ.①焦虑 Ⅳ.① B846
中国版本图书馆 CIP 数据核字 (2022) 第 224892 号

Copyright © Kate Summerscale, 2022
Lines from 'Counter Attack' © Siegfried Sassoon and reproduced by kind permission of the Estate of George Sassoon.
Simplified Chinese translation copyright © 2023 by China Translation & Publishing House
ALL RIGHTS RESERVED
著作权合同登记图字：01-2022-2921

千奇百怪的恐惧与狂热
QIANQIBAIGUAI DE KONGJU YU KUANGRE

策划编辑：温晓芳 方宇荣
责任编辑：温晓芳 方宇荣
营销编辑：梁 燕
封面设计：锋尚设计

出版发行：中译出版社
地　　址：北京市西城区新街口外大街 28 号普天德胜主楼 4 层
电　　话：（010）68002926
邮　　编：100044
电子邮箱：book@ctph.com.cn
网　　址：http://www.ctph.com.cn
印　　刷：北京盛通印刷股份有限公司
经　　销：新华书店
规　　格：880 毫米 ×1230 毫米　1/32
印　　张：9.75
字　　数：192 千字
版　　次：2023 年 1 月第 1 版
印　　次：2023 年 1 月第 1 次

ISBN 978-7-5001-7243-7　定价 58.80 元

版权所有　侵权必究
中译出版社

惠康系列再添新作，
看萨默斯凯尔对恐惧"充满人性"的解读

惠康系列图书（Wellcome Collection）和 Profile Books 出版社迎来了一名新成员——凯特·萨默斯凯尔（Kate Summerscale）的最新力作《恐惧与狂热：99个病症看历史》（*The Book of Phobias and Manias: A History of the World in 99 Obsessions*）。

该书世界各地所有版权，包括音频，已由惠康系列图书发行人弗兰·巴里（Fran Barrie）从 RCW 公司的乔治娅·加勒特（Georgia Garrett）手中获得。

这部"人类心底的恐惧与狂热的精彩汇编"记述了从中世纪到今天的漫长岁月中，恐惧是如何影响并塑造人类的。该书于 2022 年 10 月 6 日在英国出版，同时将成为 Profile Books 出版社 2022 年秋季非小说类作品重磅推荐之一。

该书版权已被 9 个国家的出版社购得，包括美国的企鹅出版社、中国的中译出版社、法国的 Autrement 出版社、希腊的 Patakis 出版社、意大利的 UTET 出版社、韩国的 Hankyoreh 报社、波兰的 Filia 出版社、土耳其的 Dusbaz 出版社和西班牙的 Blackie Books 出版社。

"只有凯特·萨默斯凯尔能写出这样引人入胜的故事——探索恐惧和狂热与个人经历和人类历史间的联系,"巴里说道,"她有以小见大的天赋,引领读者透过这一精彩纷呈又饱含人性的作品,从个体的与众不同洞见人类的共通之处。"

凯特·萨默斯凯尔曾与布鲁姆斯伯里出版社(Bloomsbury)合作,并于 2008 年凭借《威彻尔先生的猜疑》(*The Suspicions of Mr. Whicher*)获得塞缪尔·约翰逊奖和英国银河图书奖。该书还是理查德与朱迪读书俱乐部(Richard & Judy Book Club)的推荐书目,并被改编成了 ITV 的热门剧集。她的最新作品《阿尔玛·菲尔丁惊魂记》(*The Haunting of Alma Fielding*)入围了贝利·吉福德文学奖(Baillie Gifford Prize)。

"我喜欢探索人类的恐惧和狂热——它们在何时被发现,又都有着怎样的奇怪表现——每一个故事都让我感动、惊奇,"萨默斯凯尔说道,"患病的或许是个体,但这些病症无不展现了人类的共通情绪。"

露丝·康福德(Ruth Comeford)

2022 年 3 月 18 日

序　言

人人都受恐惧和欲望驱使，我们甚至有可能沦为恐惧和欲望的奴隶。美国的开国元勋本杰明·拉什（Benjamin Rush）在1786年掀起了一阵为各种各样癖好命名的风潮。此前，"恐惧"（phobia，词源为希腊神话中的恐惧之神Phobos）仅指生理疾病，"狂热"（mania，词源为希腊语"疯狂"）也只用来形容社会风潮，但拉什开创性地将这两个词用在了心理现象的描述上。"我将恐惧症定义为对某种假想的危险的恐惧，"他写道，"或是对某种真实存在的危险的过度恐慌。"他随后列举了18种恐惧症，对象包括尘土、鬼魂、医生和老鼠；还有26种新的狂热症，包括赌博狂、军事狂和自由狂。拉什还略带戏谑地创造出了一个新词——"回家恐惧症"，用来形容那些下班后不直接回家，非要在酒馆待上一会儿的男士。此后100年里，精神病学家对这些行为有了更为深刻的认知。他们意识到，恐惧和狂热都是人类进化和个人经历留下的"伤疤"，是人类潜藏的动物本能和被压抑的欲望的表达。

19世纪初,拉什的狂热症名单上又增加了不少新词,到19世纪末,不论是恐惧症的词库还是狂热症的词库,都已经十分壮大。其中既有对开阔空间、狭小空间、脸红和活埋的过度恐惧(即广场恐惧症、幽闭恐惧症、脸红恐惧症和活埋恐惧症),也有强迫跳舞、游荡、计数、拔毛等行为(即狂舞症、漫游癖、计数癖和拔毛癖)。人们不断发现新的焦虑:无手机恐惧症(手机不在身边就浑身难受)、棉花恐惧症(害怕触碰棉花)、小丑恐惧症(害怕看到小丑)和密集恐惧症(害怕密集的孔洞)。许多病症不止有一个名字——比如害怕飞行,我在这本书中选用了"恐飞症"(aerophobia)一词,但它也可以被称为aviophobia和pteromerhanophobia,或是更为直白的flying phobia。[1]

所有的恐惧症和狂热症都是文化的产物:每当我们发现、定义新的病症,都是对自我认知的又一次革新。这本书中提到的一些病症与神经病学诊断无关,它们是人们杜撰出来的词汇,用来定义某种偏见(比如同性恋恐惧症和恐外症),嘲讽某种潮流(比如披头士狂热和郁金香狂热),或是仅仅开个玩笑(比如回文恐惧症和长单词恐惧症,即害怕顺读和逆读都一样的语句和特别长的单词)。但绝大部分条目仍是真实且让人痛苦的疾患。恐惧症和狂热症暴露了我们真实的内心世界——想要避开什么,渴望靠近什么,头脑中挥之不去的又是什么。总的来说,这本书囊括了

---

[1] Aerophobia, aviophobia, pteromerhanophobia 和 flying phobia 中除 "恐惧" (phobia) 以外的部分虽有不同,但都表示航空、飞行的意思。——译者注

当代最为常见的焦虑障碍。

"恐惧症是焦虑的一个个实例，"文学家戴维·特罗特（David Trotter）说道，"它们展现出了焦虑的不同特征，让人们得以消除或避开它们。"同样，狂热也是恐惧和欲望的集合。这些怪癖是理智之人的疯狂，或许也正是这份疯狂维持着人们的理智，因为它直指我们的恐惧和幻想，让我们默认除此之外的一切都是正常的，然后继续生活下去。

根据美国精神医学学会于2013年出版的《精神障碍诊断与统计手册（第五版）》，恐惧症的诊断需要符合以下几个条件：恐惧是过度且非理性的，持续时间至少6个月，患者因为想要躲避恐惧的情境或物品已经无法正常生活。这本手册将社交恐惧症（即对各类社交环境的过度恐惧）与特定恐惧症做了区分，后者可大致分为5类：动物恐惧症、自然环境恐惧症（例如恐高或恐水）、血液-注射-损伤恐惧症、情境恐惧症（例如被困在封闭空间内）和其他极端恐惧症，例如害怕呕吐、窒息和噪声等。

尽管特定恐惧症的治疗效果比其他焦虑障碍好，但大多数人不会选择就医，而是自己努力避开恐惧的对象，据估计，8个恐惧症患者中只有1个会寻求帮助，这也给患病率的统计制造了困难。《柳叶刀·精神病学》（*The Lancet Psychiatry*）在2018年刊登了一篇综述文章，作者在回顾了从1984年到2014年的25项调查结果的基础上，提出总人口的7.2%可能会在人生的某一阶段患上特定恐惧症，世界卫生组织在2017年面向22个国家进行的跨国调查也得出了相近的结论。研究还发现，特定恐惧症的儿童患病率高于成人，老年人的患病率约为平均水平的一半，而女性患病率为男性的2倍。这意味着，平均而言，每10位女性或20位男性中就有一人患有特定恐惧症。另有全国性调查显示，7%的美国人和12%的英国人患有社交恐惧症。

以上数据的统计对象是会影响到正常生活的恐惧障碍，而更多人的恐惧和厌恶相对轻微，只不过我们出于习惯，也把它们称为恐惧症，比如特别讨厌在人前演讲、看牙医、听到打雷的声音或看到蜘蛛的形象。在美国，超过70%的人表示自己对至少一个对象存在不合理的恐惧。在我刚开始为写作本书收集资料时，我认为自己什么恐惧症都没有——如果非要说的话，我曾在青少年时期害怕脸红，另外一直不喜欢坐飞机。而当我完成本书时，我感觉自己符合书中每一种病症的描述。一旦展开想象，身体就能立刻感受到这种恐惧。

至于恐惧症和狂热症的病因，各方众说纷纭。对特定事物、词语或数字的恐惧或许是源于某种异教信仰的古老迷信。美国心理学家格兰维尔·斯坦利·霍尔（Granville Stanley Hall）[1]在1914年的一篇论文中详细记录了132种恐惧症，他发现一些儿童会在受到惊吓后出现强迫性恐惧。"刺激，"他写道，"是滋生

---

[1] 格兰维尔·斯坦利·霍尔（1844—1924），美国著名心理学家、教育家、美国心理学会首任主席、《美国心理学期刊》（*American Journal of Psychology*）创始人。——译者注

恐惧的沃土。"西格蒙德·弗洛伊德（Sigmund Freud）[1]在1909年发表了两篇针对恐惧症的著名案例分析，他认为恐惧症是压抑于心的恐惧转移到了外部事物上：既是对焦虑的表达，也是对它的反抗。"想要摆脱内在的危险很难，"他解释道，"但面对外在的危险，我们可以随时逃离。"

进化心理学家认为，许多恐惧症是为适应环境而生的，比如我们天生害怕高处和毒蛇，这是为了保护自己不从高处跌落或被毒蛇咬伤；我们讨厌老鼠和鼻涕虫，是为了让自己不要生病。这类恐惧可能是人类遗传进化的一环，是帮助我们阻挡外部危险的"生理盾牌"。恐惧反应和本能反射有许多相似之处，当我们发现危险物品或情况时，大脑会自动释放化学物质让我们战斗或逃跑，紧随其后的是诸如发抖、躲避、燥热、眩晕等生理反应。

进化或许也能解释为什么恐惧症更容易影响女性，尤其是生育年龄的女性——她们高度警惕既是为了保护孩子，也是为了保护自己。但恐惧症在女性中更为常见的原因还可能是社会环境对她们并不友好——她们有更多的理由去害怕——抑或女性的恐惧总被调侃为大惊小怪。不过，从进化的角度分析恐惧症是一种事后推理，它不能解释所有恐惧症的成因，也无法说明为什么恐惧症只影响一部分人。1919年，美国行为心理学家詹姆斯·布罗

---

[1] 西格蒙德·弗洛伊德（1856—1939），奥地利精神病医师、心理学家、精神分析学派创始人，著有《梦的解析》《精神分析引论》《性学三论》等。——译者注

德斯·沃森（James Broadus Watson）和罗莎莉·雷纳（Rosalie Rayner）做了一个实验，证明恐惧症是可以通过条件反射训练诱发的。20世纪60年代，阿尔伯特·班杜拉（Albert Bandura）证明恐惧症可以通过直接暴露于他人（如父母）的焦虑和非理性恐惧而诱发。恐惧还会通过基因和榜样作用在家族内传播。但即便我们有患上某种焦虑的倾向，真正发病还需要经由特定经历或教育的触发。

如果恐惧症是躲避的冲动，那么狂热症就是行动的冲动。伟大的法国精神病学家让-艾蒂安·埃斯基罗尔（Jean-Etienne Esquirol）在19世纪初首次提出了单狂（monomania）或特定狂热（specific mania）的概念，他的同胞皮埃尔·让内（Pierre Janet）则在20世纪初以温柔而细腻的笔触记录了他所治疗过的多个相关案例。本书中的大部分狂热症都是以特定物品、动作或想法为中心的强迫行为，例如拔毛和囤积。这些病症的患病率很难估计，部分原因是它们中的大部分被现代医学归入了上瘾、强迫性精神障碍、聚焦于躯体的重复行为障碍、冲动控制障碍和边缘型人格障碍的范畴。和恐惧症一样，许多人认为这是大脑的化学物质失衡，或是痛苦、禁忌的情感所导致的。它们常常是普通欲望的放大，比如笑、喊叫、购物、偷窃、撒谎、点火、兴奋、抓挠伤疤、向苦难屈服，或被人崇拜。

除个体冲动外，这本书还会讲到群体狂热：人们聚在一起跳舞、大笑、颤抖或尖叫。例如，19世纪60年代，一场恶魔狂潮席卷了阿尔卑斯山的莫尔济讷（Morzine）小镇；20世纪60年代，坦桑尼亚的一个湖边爆发了此起彼伏的狂笑。这些群体骚动看似一种反叛，通过一种不被认可的情感冲击着人们的感官，让人不禁反思究竟什么才是理性。当我们将一种行为定义为狂热症或恐惧症的时候，我们也划出了人类文化和心理的边界：我们默认人类社会建立在某些信念之上。这些边界会随时间的推移而发生改变，当集体危机（比如战争、流行病）来袭时，这种改变会更加迅速。

恐惧症和狂热症就像咒语，赋予了物品或行为以神秘的意义，也给予了它们控制和改变人类的能力。这些病症令人痛苦，却也把世界变得像神话一般可怕而鲜活，让人着迷。它们能控制人的身体，就像魔法一样，让我们暴露出自己的怪异之处。

目 录

如何使用本书　　　　　　　　　　1

恐惧症与狂热症 A - Z　　　　　　5

恐惧一览　　　　　　　　　　　295

狂热一览　　　　　　　　　　　296

致谢　　　　　　　　　　　　　297

如何使用本书

本书中，恐惧症和狂热症将按照其英文名称的首字母排序依次登场。根据病症的主要特点，可以将其归为以下几类：

对动物的恐惧统称为动物恐惧症，根据不同对象，又可以分为恐虫症、恐猫症、蜘蛛恐惧症、恐蛙症（包括蟾蜍）、恐犬症、昆虫恐惧症、恐马症、恐鼠症、恐蛇症和恐鸟症。

由物体的特殊质地引发的强烈反感可能发展为棉花恐惧症、毛皮恐惧症、羽毛恐惧症和密集恐惧症。

一些群体狂热已经困扰了人类数百年之久，比如疯狂迷恋书籍的藏书癖、披头士乐队引发的披头士狂热、坚信有人被恶魔附身的恶魔附身妄想症、20世纪60年代在坦桑尼亚的一群女学生中爆发的狂笑症、从崇拜金钱发展到崇拜行星的富豪妄想症/冥王星狂热[1]，还有不停收集物品的囤积癖。17世纪，荷兰人对郁金香的疯狂喜爱演变成了郁金香狂热，而中世纪欧洲人民因病狂舞的模样成了狂舞症的原型。群体恐惧的代表包括19世纪末的皮划艇恐惧症，当时，许多居住在格陵兰岛的因纽特海豹猎人患上了这种疾病；还有100年后在美国出现的小丑恐惧症。

---

1 富豪妄想症（plutomania）的前缀 pluto 也有冥王星的意思。——译者注

对自己身体的厌恶或恐惧可能表现为害怕血液或针头（血液－注射－损伤恐惧症）、牙医（牙医恐惧症）、呕吐（呕吐恐惧症）、衰老（恐老症）或分娩（生育恐惧症）。有些人尤其讨厌某种气味（气味恐惧症），还有人拒绝使用公共厕所（公厕恐惧症）。

最常见的由无生命物体引起的恐惧有气球恐惧症、纽扣恐惧症和人偶恐惧症。而不受控制的强迫行为又可以具体分为囤积癖、购物狂和偷窃癖等。

对于恐惧症和狂热症的成因，本书将着重分析其进化目的。这或许能够解释为什么有些人一看到血就头晕（血液－注射－损伤恐惧症），也能揭开最为常见、也是人们研究最多的恐惧症之一——蜘蛛恐惧症的秘密。恐高症的自我保护目的相对明显，恐水症（狂犬病）、雷声恐惧症、幽闭恐惧症、森林恐惧症、广场恐惧症和黑暗恐惧症也是一样。躲避伤害的冲动或许是厌恶型恐惧症的内因，例如胡子恐惧症、不洁恐惧症、昆虫恐惧症和密集恐惧症。这样的冲动还可能催生强迫行为，导致拔毛癖、剔甲癖、抠皮症和囤积癖，甚至我们对牙医和脸红的恐惧也可以追溯到人类诞生的初期。进化心理学家认为，"无所畏惧"（低恐惧症）可能是致命的，甚至有人坚信我们对蛇的恐惧是一切焦虑、语言和想象力的源泉。

新技术的不断发展伴随着恐飞症（害怕乘坐飞机）、铁道恐惧症（害怕乘坐火车）和电话恐惧症（害怕接打电话）的不断蔓延。

对特定食物的厌恶可能表现为鸡蛋恐惧症和爆米花恐惧症，

而呕吐恐惧症和窒息恐惧症患者可能会彻底拒绝进食。过去，总想喝酒的人被叫作嗜酒狂。

控制不住想触摸东西属于接触强迫症，讨厌被人触摸是接触恐惧症。对毛发的极端情感可能演变成毛发狂、胡子恐惧症或拔毛癖。洗漱恐惧症讨厌清洗，不洁恐惧症则因为极其讨厌尘土和细菌而过度清洗。

对孤独和离弃的恐惧在幽闭恐惧症、睡眠恐惧症、忧郁症、孤独恐惧症、无手机恐惧症、黑暗恐惧症、寂静恐惧症和活埋恐惧症中均有体现。

因他人产生的焦虑或社交恐惧，可能以广场恐惧症、脸红恐惧症、被笑恐惧症、演讲恐惧症和公厕恐惧症等不同形式显现出来。较具代表性的、针对特定群体的恐惧和厌恶包括同性恋恐惧症和恐外症（包括国籍、种族、信仰）。

强迫性狂热种类繁多，比如意志缺乏症、计数癖、漫游癖、书写癖、杀人狂、狂喊症、偷窃癖、说谎癖、慕男狂、购物狂和纵火狂。

还有一些恐惧症和强迫症的命名仅以调侃为目的，并非对某种真实病症的描述，而是一种讽刺或文字游戏，比如回文恐惧症、工作恐惧症、施舍狂和长单词恐惧症。

恐惧症和狂热症最为常见的治疗方法是认知行为疗法，具体可参考恐高症、恐猫症、蜘蛛恐惧症、恐飞症、恐蛙症、血液－注射－损伤恐惧症、雷声恐惧症、恐犬症、演讲恐惧症、偷窃癖、

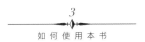

不洁恐惧症、黑暗恐惧症、剔甲癖、人偶恐惧症、噪声恐惧症和窒息恐惧症等条目的内容。毛皮恐惧症的条目还将介绍行为学家对人为引发恐惧的试验。

精神分析心理学的观点在广场恐惧症、蜘蛛恐惧症、计数癖、幽闭恐惧症、毛皮恐惧症、脸红恐惧症、海草恐惧症、恐马症、偷窃癖、恐鼠症、不洁恐惧症、说谎癖、黑暗恐惧症、购物狂、恐鸟症、人偶恐惧症、纵火狂、铁道恐惧症和恐外症等条目中均有所涉及。

对声音的恐惧包括雷声恐惧症、气球恐惧症、电话恐惧症、声音恐惧症（针对一切声音）和寂静恐惧症。

处在妄想边缘的恐惧症和强迫症有恐虫症、恶魔附身妄想症、自大狂、被爱妄想症、恐水症（狂犬病）、夸大狂、小体妄想症（坚信身体的某部分特别小）和不洁恐惧症。泛恐惧症的恐惧对象是所有事物。

恐惧症与狂热症 A-Z

A

Ablutophobia	洗漱恐惧症	12
Aboulomania	意志缺乏症	13
Acarophobia	恐虫症	15
Acrophobia	恐高症	17
Aerophobia	恐飞症	20
Agoraphobia	广场恐惧症	23
Aibohphobia	回文恐惧症	30
Ailurophobia	恐猫症	30
Aquaphobia	恐水症（恐惧溺水）	35
Arachnophobia	蜘蛛恐惧症	36
Arithmomania	计数癖	42

B

Bambakomallophobia	棉花恐惧症	46
Batrachophobia	恐蛙症	47
Beatlemania	披头士狂热	49
Bibliomania	藏书癖	53
Blood-injection-injuryphobia 血液－注射－损伤恐惧症		57
Brontophobia	雷声恐惧症	61

C

Choreomania 狂舞症	66
Claustrophobia 幽闭恐惧症	69
Coulrophobia 小丑恐惧症	73
Cynophobia 恐犬症	78

D

Demonomania 恶魔附身妄想症	84
Dermatillomania 抠皮症	88
Dipsomania 嗜酒狂	90
Doraphobia 毛皮恐惧症	92
Dromomania 漫游癖	95

E

Egomania 自大狂	100
Emetophobia 呕吐恐惧症	100
Entomophobia 昆虫恐惧症	105
Ergophobia 工作恐惧症	108
Erotomania 被爱妄想症	110
Erythrophobia 脸红恐惧症	113

F

Fykiaphobia 海草恐惧症	120

G

Gelotophobia 被笑恐惧症	124
Gerascophobia 恐老症	125
Giftomania 施舍狂	128
Globophobia 气球恐惧症	129

	Glossophobia 演讲恐惧症	129
	Graphomania 书写癖	132
H	Haphemania 接触强迫症	136
	Haphephobia 接触恐惧症	136
	Hippophobia 恐马症	138
	Hippopotomonstrosesquipedaliophobia 长单词恐惧症	140
	Homicidal monomania 杀人狂	142
	Homophobia 同性恋恐惧症	144
	Hydrophobia 恐水症（狂犬病）	147
	Hypnophobia 睡眠恐惧症	151
	Hypophobia 低恐惧症	152
K	Kayakphobia 皮划艇恐惧症	154
	Klazomania 狂喊症	157
	Kleptomania 偷窃癖	158
	Koumpounophobia 纽扣恐惧症	164
L	Laughing mania 狂笑症	168
	Lypemania 忧郁症	170
M	Megalomania 夸大狂	174
	Micromania 小体妄想症	175
	Monomania 偏执狂	177

	Monophobia 孤独恐惧症	180
	Musophobia 恐鼠症	180
	Mysophobia 不洁恐惧症	182
	Mythomania 说谎癖	188
N	Nomophobia 无手机恐惧症	194
	Nyctophobia 黑夜恐惧症	197
	Nymphomania 慕男狂	201
O	Odontophobia 牙医恐惧症	206
	Oniomania 购物狂	207
	Onomatomania 称名癖	209
	Onychotillomania 剔甲癖	210
	Ophidiophobia 恐蛇症	212
	Ornithophobia 恐鸟症	215
	Osmophobia 气味恐惧症	218
	Ovophobia 鸡蛋恐惧症	219
P	Pantophobia 泛恐惧症	222
	Pediophobia 人偶恐惧症	223
	Phonophobia 声音恐惧症	228
	Plutomania 富豪妄想症 / 冥王星狂热	229
	Pnigophobia 窒息恐惧症	231
	Pogonophobia 胡子恐惧症	233
	Popcorn phobia 爆米花恐惧症	235

	Pteronophobia 羽毛恐惧症	236
	Public urination phobia 公厕恐惧症	237
	Pyromania 纵火狂	238
S	Sedatephobia 寂静恐惧症	244
	Siderodromophobia 铁道恐惧症	245
	Social phobia 社交恐惧症	247
	Syllogomania 囤积癖	250
T	Taphephobia 活埋恐惧症	260
	Telephonophobia 电话恐惧症	263
	Tetraphobia 数字4恐惧症	265
	Thalassophobia 海洋恐惧症	267
	Tokophobia 生育恐惧症	270
	Trichomania 毛发狂	271
	Trichotillomania 拔毛癖	274
	Triskaidekaphobia 数字13恐惧症	277
	Trypophobia 密集恐惧症	279
	Tulipomania 郁金香狂热	281
X	Xenophobia 恐外症	286
	Xylophobia 森林恐惧症	288
Z	Zoophobia 动物恐惧症	292

洗漱恐惧症 Ablutophobia

害怕洗漱，又称洗漱恐惧症（ablutophobia），源自拉丁语"清洗"（abluere）和希腊语"恐惧"（phobia），在儿童中较为常见。洗漱恐惧通常是暂时的，多见于婴儿时期，但也有持续数年的案例。曾有一名17岁的女孩告诉美国心理学家格兰维尔·斯坦利·霍尔，说自己11岁时还会因为害怕洗澡而拼命尖叫。另一个青少年则告诉霍尔："洗澡让我全身僵硬，双眼圆瞪，怕得几乎发抖。"

19世纪初，许多法国人害怕洗漱，因为他们相信尘土能阻挡疾病，汗臭更是健康和性活力的证明。历史学家史蒂文·兹达特尼（Steven Zdatny）解释道：在一个将赤裸视为耻辱的社会，说服人们把自己洗得干干净净实属不易。在法国乡村的一所医院里，一个女人怒不可遏，只因为有人建议她去洗澡。"我已经68岁了，"她说，"还从来没洗过那个地方！"在这一点上，整个上流社会都表现得十分一致、严谨。"我家里从没有人洗过澡！"旁热（Pange）伯爵夫人回忆道："脖子以下的身体全都浸在水里，那简直是异教徒的行为。"19世纪后半叶，科学家发现尘土和疾病传播间存在联系，自此，老师开始在学校里教导从未使用过海绵，或是把身体泡进水里的学生养成新的卫生习惯，法国军队也开始推行更加严格的卫生标准，并于1902年发布了《卫生手册》，明确要求士兵必须刷牙、擦洗身体、穿内衣。在法国北部的小城杜埃，一名军官命令士兵给一个坚称自己害怕洗澡的年轻炮兵清洗身体，这个脏兮兮的小伙子被战友拖进了澡堂，按在花洒下方。兹达特尼说，这名炮兵8天后去世了，原因是水打在皮肤上的感觉让他受惊过度——似乎是恐惧杀死了他。

另见：恐水症（恐惧溺水） 说谎癖 海洋恐惧症

意志缺乏症　Aboulomania

1916年，美国心理分析学家拉尔夫·W.里德（Ralph W. Reed）接诊了一位22岁的银行职员，这名年轻人的优柔寡断已经到了病态的地步，"一天当中，他无时无刻不在怀疑自己的工作究竟做没做对"。以数据求和为例，他在得出结果后一定会检查一遍，然后再检查一遍。不论多么简单的计算，他都会"不厌其烦"地一一复核。里德指出，这样的精神瘫痪其实和偏执妄想一样：都是因为过分担心已经发生或可能发生的事而左右为难。他将这名银行职员诊断为意志缺乏症。

意志缺乏症一词由希腊语"没有"（a）、"意志"（boulē）和"疯狂"（mania）组成，是神经病学家威廉·亚历山大·哈蒙德（William Alexander Hammond）在1883年创造的。哈蒙德将意志缺乏症描述为"一种以意志迟钝、麻木或瘫痪为特征的精神失常"。哈蒙德提到了一名患者，一个无法决定该怎样穿脱衣物的马萨诸塞州男子：每次脱下一只鞋，他都会想是否本该先脱另外一只，然后他会把鞋穿好，脱下另外一只，接着再次怀疑自己，就这样重复多次，直到觉得这不是个办法，必须先停一停，于是在屋里来回踱步仔细思考这个问题。踱步时，他可能会突然看见镜子里的自己，注意到胸前的领带，然后想："对啊，我应该先脱领带。"而正当他要摘下领带的时候，他又会犹豫不决。"如果家里只有他一个人，"哈蒙德写道，"他会一直这样，直到太阳再次升起，前一天的衣物一件都没能脱掉。"

1921年，法国精神病学家皮埃尔·让内提出了"不完美感"的概念，认为正是这一感受让人陷入无法满足、总觉得少了些什么的状态中。"他们'观察自己'，"让内写道，"一边观察，一遍感受着自己的焦虑，然后开始不受控制地自我分析。他们好像成了心理分析学家，而这正是精神病的表现。"让内指出，意志缺乏症诞生于对自我意识的痴迷，这种障碍来源于对自身想法的过度反思。

长时间的犹豫不决看似和强迫症没有关系——它更像是害怕犯错，而非热衷思来想去、纠结不定。但哈蒙德提醒人们，病态的怀疑不只是信念的缺失，反而更像一种狂热。这是一种情绪高涨，同时面对着所有可能性的激烈而痛苦的状态——不同的未来景象仿佛打作一团，一切皆有可能。

另见：计数癖 说谎癖 囤积癖

恐虫症 Acarophobia

恐虫症（acarophobia）以希腊语"小虫子"命名，最早由法国皮肤科医生乔治·蒂比耶日（Georges Thibierge）于1894年发现。这是一种对微小昆虫的极度恐惧，也可能进一步发展为认为有微小生物进入自己身体的执念。这种"蚂蚁爬"似的瘙痒感可能是想象出来的，也可能是带状疱疹、肺结核、梅毒、皮肤癌、更年期或营养不良等身体问题引起的。另外，杀虫剂、甲基苯丙胺和可卡因等物质也可能引起对虫的恐惧。

痒是一种会"传染"的感觉，因此，有时恐虫妄想会出现人传人的现象。20世纪60年代，洛杉矶有数个工作场所出现了小虫咬人的问题，当调查人员——公共卫生官威廉·G.沃尔德伦（William G. Waldron）现场查看一家机票预订中心时，那里的所有女性职员都表示自己经常会有轻微的刺痛感，而且脚踝上方的尼龙袜总有一种"被拉扯"的感觉。沃尔德伦在现场没有找到任何昆虫，但他发现办公桌下有一根裸露的电话线，推测可能是静电影响了这些女士。他还注意到现场150名职员的士气都不高，因此认为压抑的工作环境也是他们焦躁不安的原因，毕竟这些员工要在办公桌前连续工作数小时，处理复杂的机票预订程序，同时有3个上司在角落的昏暗房间里一直盯着他们。沃尔德伦建议这家航空公司处理好电话线的问题，并打开监督室的灯。之后，女性职员们告诉沃尔德伦，痒的感觉消失了。

为了驱赶虫子，一些恐虫症患者不惜剜掉脸、脖子、手臂、头部、胸部、腋下或腹股沟上的肉。"我看见他赤裸上身，"20世纪20年代，路易斯·布努埃尔（Luis Buñuel）[1]在巴黎一间酒店拜访了艺术家萨尔瓦多·达利（Salvador Dalí）[2]，并在后来写道，"他背后包扎着大片绷带。显然，他感觉背上有'跳蚤'或其他什么奇怪的虫子，于是用刀割伤了自己的后背。血流不止的达利让酒店经理叫来了医生，结果发现'虱子'不过是背上的一颗痘。"《一条叫安达鲁的狗》（*Un chien andalou*）是路易斯·布努埃尔和达利于1928年合作拍摄的影片，电影一开场便是刀刃割开眼球，一汪胶状物从中淌出的画面。随后镜头一转，男人的手心涌出一群蚂蚁，有生命的活物竟从自己的身体喷了出来。

另见：蜘蛛恐惧症　抠皮症　昆虫恐惧症　动物恐惧症

1　路易斯·布努埃尔（1900—1983），西班牙国宝级导演、剧作家、制片人，善于运用超现实主义手法。代表作有《一条名叫安达鲁的狗》《白日美人》《朦胧的欲望》等，其作品多次在戛纳电影节及威尼斯电影节获奖及获得提名。——译者注
2　萨尔瓦多·达利（1904—1989），西班牙著名画家，以超现实主义作品闻名，代表作有《永恒的记忆》。达利的作品把梦境般的形象和卓越的绘图技术融为一体，他与毕加索、马蒂斯一同被认为是20世纪最具代表性的3位画家。——译者注

恐高症 Acrophobia

1887年,严重恐高的意大利医生安德烈·韦尔加(Andrea Verga)发明了"恐高症"(acrophobia)一词。根据安德烈的描述,恐高症患者"在爬梯子时会感到心悸,讨厌坐在马车上,甚至从一楼的窗户往外看时都会感到不适"。韦尔加借用"顶点"这一希腊词语创造了"恐高症"一词,并将其主要症状确定为从高处俯瞰时所带来的眩晕感。

据估计,世界上约有五分之一的人会在高处感到不适,约5%的人极度恐高。恐高症可能是由创伤性经历导致的,比如阿尔弗雷德·希区柯克(Alfred Hitchcock)[1] 1958年出演电影《迷魂记》(*vertigo*)中的警探,他在目睹同事坠亡后开始恐高,但只有约七分之一的恐高症患者记得自己曾经有过类似的经历。事实上,2002年的一项针对11岁和18岁恐高症患者的调查结果显示,两组研究对象都极少去过高处,这让人不禁猜测,正是对高处的不熟悉,催生或放大了他们的恐惧。

1897年,格兰维尔·斯坦利·霍尔在分析了83例恐高症及其他"重力相关"的恐惧症案例的基础上,提出这种恐惧的根源是原始焦虑——一种"远比人类智力古老得多"的"本能感受"。

---

[1] 阿尔弗雷德·希区柯克(1899—1980),出生于英国伦敦,著名导演、编剧、制片人、演员,擅长拍摄惊悚悬疑片,代表作包括《后窗》《惊魂记》《蝴蝶梦》等,其作品获奖无数。——译者注

许多受访者告诉霍尔，他们身处高处时会"突然感到头晕、恶心、颤抖、喘不上气甚至窒息"。接着，他们会"身体僵硬、脸色铁青、双手紧握、咬紧牙关"。奇怪的是，霍尔发现许多恐高症患者害怕的并不是失足跌落，而是自己"往下跳的本能"。"这很常见，"霍尔写道，"这种冲动往往突然出现，让人想从塔上、窗户、房顶、桥上、教堂或剧院的高层观众席、悬崖之类的地方跳下来。"一些恐高症患者需要抓住栏杆或身边的人来控制自己，以防真的跳下悬崖，"一了百了"。一名男子坦白，"坠落的奇异快感"总在诱惑着他。还有人享受在空中腾起的"美妙感受"，霍尔写道，他们想象"自己被衣服、遮阳伞、像翅膀一样的手或手臂托举起来"。

霍尔认为，恐高不仅是害怕致命的坠落，更是害怕自己的原始冲动，就恐高症来说，即跳下或飞翔的愿望。"人最害怕的其实是自己，"霍尔写道，"因为我们对自己的原始本性知之甚少，身心都有可能被轻易控制。"霍尔是查尔斯·罗伯特·达尔文（Charles Darwin）[1]和西格蒙德·弗洛伊德的拥护者，他提出了对恐惧症的全新理解。霍尔指出，恐惧不仅出于进化和适应的本能，更源于个体精神的冲突。恐高的眩晕感和渴望的躁动感可以非常相似。

---

[1] 查尔斯·罗伯特·达尔文（1809—1882），英国生物学家，进化论奠基人。——译者注

"什么是眩晕？"小说家米兰·昆德拉在1984年出版的小说《生命不能承受之轻》（*The Unbearable Lightness of Being*, 1984）中发问："是害怕跌落的恐惧吗？不，那不是眩晕的本质。眩晕是以恐惧为形的铠甲，保护我们免受心底空洞之音的怂恿和诱惑，拒绝纵身一跃。"

一些心理学家认为，恐高症患者总是过度关注且严重误读了自己的身体感受。在暴露疗法（exposure treatment）[1]中，医生会鼓励患者爬上高处，等待恐惧消退——一开始，他们心脏狂跳、肾上腺素激增、呼吸加快，但10—15分钟后，大部分患者会出现心跳放缓、肾上腺素水平回落、呼吸减慢等反应。在等待恐惧症状消失的同时，患者也在学习把置身高处和一般的感受联系起来。

2018年，牛津大学招募了100名恐高症患者并进行了一项随机实验。研究人员首先让志愿者填写了一份衡量恐高程度的问卷，然后将他们分为两组：一组是虚拟现实治疗组，一组是控制组。在大约两周的时间里，两组志愿者分别接受了6次治疗，每次持续30分钟。实验组的志愿者被要求佩戴虚拟现实设备，一边攀登虚拟的10层办公大楼，一边完成各项任务，比如在其中一层营救被困在树上的猫咪，在下一层的边缘弹奏木琴，再到另一层的窗边把手里的球扔出去。在此过程中，志愿者获得了在高处依

---

[1] 暴露疗法又称满灌疗法，是一种鼓励患者直接接触恐惧情境，并坚持到不适感消失的快速行为疗法。——译者注

然安全的记忆。

实验结束时,志愿者再次填写问卷,结果显示,虚拟现实组的恐高症状减少了近70%,而控制组只减少了不到4%。两周后的又一次问卷调查结果显示,虚拟现实组三分之二以上的志愿者恐高程度都跌到了"及格线"以下,也就是说,他们不恐高了。"治疗起效了,"研究人员说,"而且和心理医生面对面治疗的效果一样好,甚至更好。"

另见:恐飞症　广场恐惧症

恐飞症　Aerophobia

恐飞症(aerophobia),源自希腊语"空气"一词,原指狂犬病患者的畏风表现,现在多用于描述对飞行的恐惧。害怕飞行并不稀奇,但对占总人口约2.5%的人来说,这是一种恐惧症。1982年,波音公司曾估算,假如恐飞症消失,美国航空业的年收入将增加16亿美元。2002年,也就是"9·11"恐怖袭击事件后的第二年,恐飞症对人口死亡率产生了直接影响:许多美国人不愿搭乘飞机,而是选择乘车出行,结果交通事故死亡人数较上一年增加了1595人。

事实上，乘飞机出行的风险很低。哈佛大学曾在 2006 年做过一项研究，结果发现因飞机失事丧生的概率大约为一千一百万分之一，而在路面交通事故中死亡的概率则是五千分之一。不过，近期的心理学研究表明，比起一般事件，稀有事件总是更引人注意。阿龙·T. 贝克（Aaron T. Beck）在 20 世纪 70 年代开创了认知行为疗法，他认为人们之所以焦虑，不仅因为他们的担心可能成为现实，还因为他们深知事情一旦发生，后果将极其严重，他们将无处可逃。因此，恐飞的人担心的并不是飞机有可能坠毁，而是飞机一旦坠毁，他们将经历怎样的恐怖时刻。

在朱利安·巴恩斯（Julian Barnes）1986 年的小说《凝视太阳》(*Staring at the Sun*)中，一个人物道出了飞行恐惧究竟是多么折磨人的感受。坠机，在格雷戈里（Gregory）看来，是最坏的一种死法：飞机急速下落，而你被捆在座位上动弹不得，耳边全是其他乘客的尖叫，你知道死亡即将来临，而且会非常惨烈、难看。"给你陪葬的是头枕和椅套，"格雷戈里继续想象，"还有一张塑料的折叠小桌，桌面上有一个圆形凹槽，保护你的咖啡杯不被晃倒。还有你头顶的行李架和用来遮挡那小得可怜的窗户的塑料遮光板。"当飞机坠地，这些人类文明的微小证明都被摔得粉碎，你的生命也变得毫无意义。"你死在了'室内'，"格雷戈里想，"但不是在自己家，而是在一个陌生人家里。除了你，他/她还叫来了许多陌生人。在这样的环境里，你要怎么把自己的消亡看作一场悲剧、一件重要的事，甚至一件有意义的事？

这种死法简直是在嘲笑你。"

恐飞症患者尤其讨厌飞机需要人为控制的事实。有人担心因飞行员无法控制而出现故障的飞机，还有人担心机组人员惊恐发作，无法控制自己。恐飞症状会因为不好的飞行经历、飞机失事或劫机事件的新闻报道、灾难电影等进一步加剧。部分飞行恐惧症患者本身在生理层面就更易受飞行影响，例如患有内耳功能障碍的人容易在飞行过程中出现眩晕感和空间定向障碍，而无意间置身缺氧环境也可能会让人感到心慌。在那些依然选择乘飞机出行的恐飞症患者中，有五分之一的人表示自己需要借助酒精或镇静剂来缓解焦虑。

作为一种行为、生理、认知因素兼具的疾病，恐飞症的治疗大都采用认知行为疗法。通常治疗师会鼓励患者自主分析对飞行的错误看法，例如灾难倾向（负面的以偏概全）、极化倾向（要么极好，要么极差），或是对令人痛苦的想法和知觉的过度关注。接着，治疗师会向患者讲解飞行知识，包括飞机的工作原理、气流成因、坠机概率等。下一步，治疗师会引导患者按照严重程度列出自己在飞行过程中的所有恐惧事项，从打包行李开始，一直到起飞、着陆。然后治疗师会引导患者逐一想象这些场景，并在此过程中教给患者放松的技巧。最后，治疗会以一次飞行结束，飞行可以是真实的，也可以是模拟的。

一些恐飞症患者为自己的恐惧找来了神秘学依据，认为这种恐惧能够保护他们。在埃丽卡·容（Erica Jong）1973年出版的小说《恐飞》（*Fear of Flying*）的开头，一架飞机正在起飞，伊莎多拉·温（Isadora Wing）的手指、脚趾、乳头都仿佛冻僵了一般，她的胃在抽搐，心脏和飞机的引擎一起嘶吼。在整个爬升过程中，她都保持着精神的高度集中。"我知道，"伊莎多拉解释道，"我知道我必须保持专注，这只大鸟才能飞起来。每次起飞成功，我都会祝贺自己，但我不能得意，因为过分自信会让人放松警惕，飞机就会立马掉下去——这都是我的个人信仰。"在书的结尾，温获得了解放——在创造方面、性方面、情感方面——她不再妄想自己的焦虑才是飞机的动力源。

另见：恐高症　广场恐惧症　幽闭恐惧症　呕吐恐惧症　铁道恐惧症

广场恐惧症　Agoraphobia

"广场恐惧症"一词是柏林精神病学家卡尔·奥托·韦斯特法尔（Carl Otto Westphal）于1871年创造的，他连续接诊了数位害怕在城市中行走的病人。其中一名患者是32岁的旅行销售员，他尤其害怕部分街区，特别是空无一人、商铺紧闭的地方，走到房屋逐渐消失的城市边缘，他会彻底崩溃。不仅如此，他还讨厌拥挤的地方，乘坐公交车或走进剧院都会让他心悸。

另一位26岁的工程师说，每当身处开阔空间，他总感觉自己的心脏像被什么东西捏住了一样。"他的脸会发红发烫，"韦斯特法尔写道，"他怕极了，简直像面对生死存亡一般。他感觉不安全，甚至不能正常走路，在他眼里，脚下的鹅卵石好像都在熔化，变成一摊烂泥。"这位工程师把穿越城市广场比作从狭小的水沟游进宽阔的河流，他不知道自己身在何处，即便成功到达"对岸"，他也不记得自己是怎么过去的——整个过程恍若梦中。

这些病人告诉韦斯特法尔，如果有人同行，他们的恐惧会减轻许多。此外，贴近广场上的建筑、跟在马车后面也能起到舒缓作用。有人说，回家时，看到酒馆外挂着的红灯笼总让他感到安心，还有人用拄拐杖、喝啤酒或葡萄酒的方式来对抗焦虑。韦斯特法尔还听说德里堡镇上有一位神父每次出门都要打伞，就好像把教堂的拱形屋顶带在身边一样。

广场恐惧症（agoraphobia）——这个词源为希腊语"市场"——是一个含义广泛的术语，它既指对社交、出门、拥挤空间和开阔场地的恐惧，也指对恐惧这一状态的恐惧。戴维·特罗特（David Trotter）曾在《恐惧症的用途》(*The Uses of Phobia*)一书中指出，这一病症的根源在于现代生活的压力。1889年，威尼斯建筑师卡米洛·西特（Camillo Sitte）将广场恐惧症归因于欧洲城市的快速变化，蜿蜒的小巷和低矮的房屋被夷为平地，取而代之的是宽阔的街道和千篇一律的高大建筑。城市广场像是深渊，而街道就像峡谷。

法国精神病学家亨利·勒格朗·杜·索勒（Henri Legrand du Saulle）接诊了许多因"空间恐惧"而无法逾越某种边界的巴黎人，这些边界可能是城市广场的边缘、人行道的路肩、窗台或桥与路的分界线。他的一位病人"B夫人"不能独自穿越街道和广场，她害怕空无一人的餐厅，也恐惧回家的那段宽楼梯，一旦回到家里，她就不能再往窗外看。勒格朗·杜·索勒的另一个病人是步兵军官，穿军装时，他可以自如地走过开阔场地，但一换上便服，他就做不到了。特洛特写道："就这位病人来说，帮助他克服焦虑的不是他人的陪伴，而是某种行为。就像演戏一样，是他陪着自己走过了空旷的地方。"还有一位病人，他不论走到哪里都离不开夫人的陪伴。走到广场入口，他会突然愣住，吓得一动不动，咕哝着："妈妈，拉塔，比比，比塔科，我要死了！"

勒格朗·杜·索勒认为，自1871年德国围攻巴黎后，空间恐惧症才开始在巴黎蔓延。"用勒格朗的话说，"建筑历史学家安东尼·维德勒（Anthony Vidler）写道，"城市的突然封锁又重新开放是催生空间恐惧的真正原因，也推动了幽闭恐惧症向广场恐惧症转变。"

在韦斯特法尔和勒格朗·杜·索勒的研究成果问世数年后，更多的广场恐惧症患者说出了他们恐惧症状的细节。"当我停下来的时候，"J.黑德利·尼尔医生（J. Headley Neale）在其1898年发表于《柳叶刀》（*The Lancet*）上的文章中写道，"地面仿佛被铁钳夹住了一般，我感觉自己正在贴近地面，地面也在不断地向我逼近。那种感觉不是晕眩，而是倒塌，我仿佛变成了一顶折叠帽或一只纸灯笼，被一点点压垮。"一些人认为这是遗传性退行性变的表现，但弗洛伊德并不认同这一观点。"广场恐惧症和多数其他恐惧症的常见病因并不是遗传，"他在1892年的文章中写道，"而是异常的性生活。"弗洛伊德认为，广场恐惧症患者害怕自己禁不起街头的性诱惑，进而将这种恐惧转移到了街道本身上。"恐惧症，"他说，"就像前线的堡垒，阻挡着焦虑的进攻。"

广场恐惧症还可能表现为对广袤乡间和开阔天地的恐惧。大卫·特罗特曾记录，小说家福特·马多克斯·福特（Ford Madox Ford）在英格兰南部乡间行走时，为了克服恐惧，他不停地咀嚼含片，而且只选路边有长凳的地方走。就像韦斯特法尔面对的巴黎市民一样，他把注意力集中在特定的小物件或行为上，以此来克服对空旷的恐惧。1904年夏天，福特同友人奥利弗·加尼特（Olive Garnett）一起在索尔兹伯里平原散步，突然间惊恐发作。加尼特写道："他说，如果我不抓住他的胳膊，他就要摔倒了。我扶着他走了几千米，可一到镇上，他就快速走开了，去买了香烟，还刮了胡子。"小说家约翰·兰彻斯特（John Lanchester）在1990年回忆自己在湖区登山的一次经历：山上云雾弥漫，登上山顶时，天空突然放晴，他顿时被眼前"大到可怕"的景象镇住了。他"惊恐发作——气喘、心悸、颤抖"，直到回到山下才恢复正常。

他人的关注也可能引发类似症状。童星麦考利·库尔金（Macaulay Culkin）因为在《小鬼当家》（*Home Alone*, 1994）中的精彩表现一炮而红，但这也让他患上了广场恐惧症。"总有摄影师躲在灌木丛里偷拍我，"他在2004年对电视主持人拉里·金（Larry King）说道，"有太多事席卷而来，就好像要把我吞没一样。"他不敢出门，因为全世界都在盯着他。"房子好像要把我吃了。"隐居诗人埃米莉·迪金森（Emily Dickinson）用类似的话语描述了自己在1853年一个周日的经历，艾米莉在当地的教堂外邂逅了一群邻居："他们快速围住了我，"她在给嫂子的信中写道，"像是要把我吞进肚里。"

几乎整个20世纪，广场恐惧症都被认为是其他心理问题，例如分离焦虑、依恋型人格障碍、性倒错或攻击型人格障碍的表现，直到20世纪70年代，它才被当作独立的心理疾病对待。以心理学家戴维·克拉克（David Clark）为例，他认为广场恐惧症患者总是误解自己的身体感受，而且习惯对细微的变化"小题大做"。在这个恶性循环的第一阶段，克拉克说道，患者会选择性地关注某些身体变化，比如不放过任何一次心跳加速、头晕、气短，怀疑这背后隐藏着更加严重的问题。结果，他们因为害怕大量分泌肾上腺素，而肾上腺素又会引起其他生理反应（如心跳加速、心慌气短），最后他们把这些反应都看作自己马上要晕倒、窒息、心脏病发作的先兆。事实上，广场恐惧症是一种惊恐障碍，它是由恐惧引起的恐惧。

美国人类学家凯瑟琳·米伦（Kathryn Milun）告诫人们不要将广场恐惧症当作简单的生理问题，因为这只会让医药公司获益，让它们得以向更大的群体兜售苯二氮䓬类药物和其他相关药品。不仅如此，这种治疗方法完全忽略了广场恐惧症所包含的社会、历史和文化因素，以及它与现代社会的关联。米伦哀叹道："催生这一恐惧症的根本原因——我们身处的社会环境——好像被完全遗忘了。"

患广场恐惧症的女性数量是男性的3倍，在女性主义心理学家莫琳·麦克休（Maureen McHugh）看来，社会历史是造成这一差异的原因，至少是部分原因。过去，社会对女性的许多要求可以用"病态"来形容，她们被鼓励待在家里，远离公共生活，独自远行更是不可能的事。即便现在，这些对女性的期待也依然存在于一些文化当中，让出门在外的女性忐忑不安。麦克休说道："这种恐惧焦虑唯一不合理的地方就是人们竟然认为街道是安全的，公共场所对女性是友好的。"在1983年出版的小说《嫁给房子的女人》（*Women Who Marry Houses*）中，罗伯特·赛登贝格（Robert Seidenberg）和卡伦·德克劳（Karen DeCrow）将一位患有广场恐惧症的女人形容为"一个活生生的隐喻，她在声明观点，她在表达抗议，她在静坐示威"。她无意识地夸大了自己作为妻子、母亲和管家的角色，她的一切都被那间房子定义了，她无法从中抽身。

新型冠状病毒肺炎（以下简称"新冠肺炎"）疫情期间，政府要求人们待在家里，许多人在那段时间里出现了广场恐惧症的症状。害怕公共空间已经从病态变成了常态，重新回归公共生活对一部分人来说尤其困难。就像1871年被德国围困后的巴黎居民一样，我们习惯了封锁的生活。2020年10月，《纽约时报》（*The New York Times*）报道了许多家长对"广场恐惧症的一代"的担忧——许多孩子开始讨厌外出。"这种现象已经非常普遍。"来自旧金山的儿童心理学家尼娜·凯泽（Nina Kaiser）说，她4岁的儿子就不愿意走出家门。与此同时，外部世界的危险也进一步加重了青少年和成年广场恐惧症患者的焦虑。

当卡尔·韦斯特法尔在1871年命名广场恐惧症时，他看到的或许是一种典型的焦虑障碍：一种由环境变化引起的模糊的、与存在相关的恐惧。卡尔活跃在查尔斯·达尔文的《物种起源》方兴未艾的年代，他与许多同时期的精神病学家一样，希望用科学来解释人的情感体验。只是这些体验并非一成不变的。如果人们不再依赖上帝的指引，他们在外出时可能会更迫切地把手伸向同行之人，或是拐杖。

另见：恐高症　幽闭恐惧症　皮划艇恐惧症　不洁恐惧症　泛恐惧症

回文恐惧症　Aibohphobia

这个逗笑似的术语指的是对回文的过度恐惧，即害怕那些顺读逆读都一样的词句。这个词应该是利物浦民谣歌手兼计算机科学家斯坦·凯丽-布特尔（Stan Kelly-Bootle）在《恶魔的数据分析字典》（*The Devil's DP Dictionary*，1978）一书中首创的。回文恐惧症不是被正式收录的心理障碍，而且 aibohphobia 这个词本身就是回文。

另见：长单词恐惧症　称名癖

恐猫症　Ailurophobia

对猫的极度恐惧是美国医生本杰明·拉什（Benjamin Rush）在1786年发现并命名的恐惧症之一。"我认识一些十分勇猛的男士，"拉什写道，"但他们一看见猫就要后退，要是和猫同在一个房间里，即便看不到猫，他们也会露出惊恐的神情。"

1905年，同样是美国人的赛拉斯·韦尔·米切尔（Silas Weir Mitchell）进行了一项恐猫症调查，这一病症的名称来自希腊语"猫"。米切尔对部分恐猫症患者的异常敏感很感兴趣。

他设计了一份问卷，第一题便是：你是否反感猫？接着询问对方在没有看到猫也不知道附近有猫的情况下，是否能够感知到猫的存在。

许多调查对象表示，猫会激发他们的特定生理反应。"如果我一个人在房间里，这时进来了一只猫，我会感觉一桶冰水浇在了头上，"弗朗西斯·A.维克菲尔德（Frances A. Wakefield）写道，"我的牙仿佛粘在一起，发不出声音，甚至有一瞬间我感觉自己就要崩溃了。"一位来自弗吉尼亚的律师R.H.伍德（R. H. Wood）说，碰到这些"鬼鬼祟祟、悄无声息"的动物，那感觉就像触电一样。

在米切尔的159位调查对象中，有31位表示自己可以在看到猫之前就感知它们的存在。费城的玛丽（Mary）分享了和表妹在蒙特利尔的一间旅馆共进晚餐时的故事：这位表妹非常怕猫，在服务生引导她们落座时，表妹突然"面如死灰"地说："这屋里有猫。""那个房间狭长而昏暗，"玛丽回忆道，"只有我们的座位附近是亮的。"虽然服务生保证房间里没有猫，但表妹的脸色还是越来越苍白，并且身体开始发抖。"就是有，"表妹重复道，"这里就是有猫。"于是服务生仔细搜寻了整个房间，竟真的在很远的一个阴暗角落里发现了一只猫。

1914年，米切尔的同事格兰维尔·斯坦利·霍尔发表了对恐猫儿童的研究。孩子们说，他们讨厌猫"冷不丁地从窗户跳进来"，而且"比闪电还快"；它们走路是那么轻，跳得又那么远。

一个孩子说:"只要猫愿意,它能冲上去用爪子把你的眼睛挖出来。"另一个孩子说:"它们的眼睛会在晚上发光,你什么都看不到,只能看见两颗闪烁的火球。"有的孩子坚信"猫能咬碎骨头,要是它咬住你的手指,就永远不会松口"。还有的孩子认为猫"极其污秽"。"这不是儿童才有的恐惧。"霍尔说。当德意志皇帝到白金汉宫拜访亲戚时,他专门派了一位官员去仔细地搜查套房里的每个房间,确保没有猫科动物潜藏其中。

霍尔认为,我们对家猫的恐惧来源于人类祖先对剑齿虎的恐惧。但即便这一反感是"生物学上注定的",其中也包含了文化因素。在基督教社会,猫总被看作迷信的代表,"它们是恶魔最爱的动物"。教皇英诺森八世在1484年说道:"猫是女巫的宠物。"那些写信给塞拉斯·韦尔·米切尔说有可怕的隐形猫存在的恐猫症患者,应该也是受了女巫和精灵等传说的影响。

1959年,在伦敦南部郊区的博斯兰皇家医院(Bethlem Royal Hospital),休·L.弗里曼(Hugh L. Freeman)医生和唐纳德·C.肯德里克(Donald C. Kendrick)医生在37岁的恐猫症患者"A夫人"身上尝试了一种新的行为疗法,这种方法是南非精神病学家约瑟夫·沃尔普(Joseph Wolpe)首创的。A夫人告诉医生,4岁时,她看到父亲把一只小猫溺死在水桶里。她从小就害怕碰到家里的猫,每次坐在餐桌前,她都会把双腿伸直、腾空。14岁时,她的焦虑进一步加重了,因为她的父母——据医生说,"不知是什么原因"——在她的床上放了一绺猫毛。

A夫人说，她的父亲非常严厉，控制欲也很强。如果考试成绩不理想，父亲会非常严厉地训斥她，还曾经用蒸汽把粘好的信封熏开，监视她的私生活。为了离开家，她在第二次世界大战时加入了女子皇家海军服务队（睡在船上的时候，她一定会选择上铺，以防猫爬上床）。后来，她和一名水手订了婚，虽然父亲极力反对，但这对新人还是在战争一结束就举行了婚礼。1950年，她的父亲因为心脏病去世了。

A夫人的丈夫是一个温柔、随和的人，战后做了一名教师。他和两个孩子都很注意照顾A夫人的恐猫情绪，每次到朋友家做客，父子3人都会先把房子检查一遍，确定没有猫之后才叫A夫人进门。

A夫人说，近几年自己的恐猫症越发严重了，因为隔壁的房屋已经废弃，杂草丛生的花园吸引了很多野猫。她不敢出门晾衣服，害怕猫会突然冲过来，而且她的恐惧还在继续泛化。"她不能触碰任何像猫的毛皮，也不能戴毛皮手套。"弗里曼医生在《英国医学期刊》的一篇文章中写道："乘坐公共交通工具时，如果旁边的人戴了毛皮手套，她也会非常难受。"最近，她发现自己脑子里想的全都是猫，她还会做关于猫的噩梦，甚至突然看见女儿的考拉玩具也要难过很久。

按照沃尔普的"系统性脱敏"疗法，两位医生首先引导A夫人列出了所有与猫相关的恐惧，然后将它们分为不同等级，再逐一进行攻克。从理论上说，增进了解可以冲淡恐惧，以此来帮助 A 夫人把猫的触感和形象同安全而非危险联系起来。医生先给了 A 夫人一块天鹅绒，然后是更加柔软的皮毛，最后是一只兔子。等 A 夫人习惯后，医生又鼓励她接触猫的玩具和图片，1 个月后，医生让她接触了一只真猫。当医生把小猫放在她的大腿上时，她笑了，接着如释重负般哭了出来。后来她说："这算是我生命中最美好的一天。" A 夫人把那只小猫带回了家，在小猫长大的过程中，她可以继续学习如何与猫相处。

治疗开始 10 周后，A 夫人已经可以触摸成年猫了，她告诉心理学家，噩梦中的猫消失了，取而代之的是她的父亲。有一次，她在梦里用拨火棍猛打父亲，她坦言父亲在世时，自己常萌生出这样的冲动，但从来没有表达过。行为疗法不仅治愈了 A 夫人的恐惧症，似乎也给了她表达的勇气，让她说出了恐猫症形成时的恐惧和愤怒。A 夫人的病愈证实了行为主义者关于恐惧症治疗的观点，即患者无须弄清自己的恐惧来自哪里。只是这次治疗似乎也唤醒了 A 夫人心中尘封已久的情感。

3 年后，肯德里克医生回访了 A 夫人，发现她的恐惧症没有复发，也没有出现新的焦虑。她还养着从医院带回去的那只猫，也经常照顾其他猫。"以前那个充满恐惧的我和现在的我，" A 夫人告诉肯德里克，"就像是两个不同的人。"

另见：毛皮恐惧症 动物恐惧症

恐水症（恐惧溺水） Aquaphobia

恐水症（aquaphobia）是指对水，尤其对溺水的强烈恐惧，这一病症影响着全球超过2%的人。大部分恐水症患者并没有与水有关的恐怖经历，相反，不怕水的人似乎通过学习游泳克服了这种与生俱来的恐惧。心理学家斯坦利·J. 拉赫曼（Stanley J. Rachman）认为一些恐惧是自发的："当同样的恐惧出现在很多人身上时，这便不是后天的巧合。"他在《恐惧与勇气》（*Fear and Courage*，1978）中写道："我们应当看到，人类天生就有发展出常见恐惧的倾向，至少大部分人是如此，我们要做的，就是学习如何去克服这些倾向。"不过，恐水症并非与生俱来，它一般在新生儿出生后约6个月出现，从这时起，婴儿开始自主活动，懂得分辨危险就变得重要起来。

文化是影响恐水症的一项突出因素。2011年，《黑人研究期刊》（*Journal of Black Studies*）曾刊登一篇文章，称只有三分之一的美国黑人擅长游泳，而在白人群体中，这一比例超过了三分之二。作者认为，导致如此差异的部分原因在于许多人仍然认为游泳是昂贵的运动，是"乡村俱乐部"成员才有的消遣，而这一想法本身就是20世纪初种族主义政策的遗毒——那时，黑人市民被禁止使用市政泳池。恐水症是一种可以自证的循环焦虑：对怕水的人来说，水确实是危险的。美国疾病控制和预防中心曾在2016年估算，美国黑人儿童的溺亡率是白人儿童的6—10倍。

另见：洗漱恐惧症　恐水症（狂犬病）　海洋恐惧症

蜘蛛恐惧症　Arachnophobia

"女性似乎更容易患蜘蛛恐惧症。"这是英国牧师兼自然历史学家约翰·乔治·伍德（John George Wood）于1863年的发现。伍德说，如果家里客厅的地毯上爬过一只蜘蛛，女士们一定会"尖叫着跳上椅子"，然后"按铃呼唤男仆来打死那可怜的小东西，女仆会自觉跟在后面，带着扫帚和簸箕"。伍德本人并不讨厌蜘蛛，他喜欢在黄昏时给花园里的蜘蛛喂食大蚊，看着它们慢慢长大。伍德说，它们会从蛛网上俯冲下来，从他的手指间抢走纤细的虫子。

害怕蜘蛛的人在总人口中的占比高达4%——在大多数调查中，蜘蛛仅次于蛇，位列恐惧排行榜第二。在作家珍妮·迪斯基（Jenny Diski）看来，秋天是"一年一度的焦虑恐惧狂欢季"，因为蜘蛛会在这时到户内筑巢。要是在家里看到蜘蛛，她会抓起喷灯，"不顾一切"地向蜘蛛"开火"。她知道这可能会让房子失火，但她表示："和蜘蛛共处一室并不比烧死它好到哪儿去。我知道这听起来像是作家滥用的夸张手法，但我是说真的。"

许多蜘蛛恐惧症患者认为自己的厌恶出于一种本能。编剧兼制片人查利·布鲁克（Charlie Brooker）坚信，讨厌这些"会动的噩梦"是种本能反应，"这是一种进化残留，有的人有，有的人没有，就像有些人会卷舌头，而有些人不会一样"。他这样形容自己看到蜘蛛的反应："我还没反应过来，就已经跑到房间的另一头去了，就像动物逃离爆炸现场一样。"神经学研究也证实，蜘蛛引起的恐惧反应会绕过理性思考：我们原始又情绪化的大脑会迅速处理蜘蛛的形象——不出几毫秒，丘脑就会提示杏仁核释放肾上腺素、胰岛素和皮质醇，提升我们的脉搏、呼吸频率，让我们的血压升高，让我们做好战斗或逃跑的准备——脑前额叶外皮会以相对较慢的速度评估风险，最终决定是中止杏仁核的准备工作，还是赶紧行动起来。

不过，条件反射是可以习得的，而且如此惧怕蜘蛛似乎缺乏明显的进化目的。全世界大约有5万种蜘蛛，其中只有0.1%是危险品种。许多生物都比蜘蛛危险，却没能引起同样的恐慌，况且，蜘蛛结网捕食蠼螋和苍蝇等害虫对人类是有益的。为了找到蜘蛛恐惧症的进化意义，生物学家蒂姆·弗兰纳里（Tim Flannery）提出猜想：在智人最早出现的非洲地区可能存在一种极危险的蜘蛛。通过努力寻找，他果真找到了符合上述特征的品种——六眼沙蜘蛛。这种蜘蛛表皮坚硬，形似螃蟹，总是躲在非洲南部沙漠的浅层准备伏击猎物，不仅如此，一只六眼沙蜘蛛的毒液足以杀死一个儿童。弗兰纳里说，我们对蜘蛛的恐惧可能是进化过程中留下的印记，证明了人类曾面临过这种生物的致命威胁。

蜘蛛恐惧症还有一个奇怪的地方。通过扫描脑部活动，研究人员发现，当蜘蛛恐惧症患者看到蜘蛛时，被激活的不只是杏仁核，控制厌恶情绪的脑岛也会活跃起来。这时，他们的面部表情通常是：肌肉紧张，上唇抬起，做出经典的厌恶状；同时眉毛上挑，表现出恐惧。起初，这些发现让研究人员感到惊讶，因为能够引起人们厌恶反应的通常是可能弄脏或感染我们的生物或物质,但蜘蛛并不会。

这种反应的一种解释——既是文化层面的也是生物学层面的——是我们仍和中世纪的祖先一样,怀疑蜘蛛会传播疾病。心理学家格雷厄姆·戴维(Graham Davey)说,几百年来,人们一直认为蜘蛛和欧洲流行的几次瘟疫有关:直到19世纪,人们才发现真正的传染媒介是老鼠身上的跳蚤。戴维在1994年的一篇论文中写道,对蜘蛛传播疾病的误解能够解释人们为什么厌恶它们,因为厌恶的产生既出自本能,又会受到文化的影响。戴维特别指出,蜘蛛恐惧症在欧洲人及其后裔聚居的国家尤为常见,而在非洲和加勒比海部分地区,蜘蛛非但不是不洁的代表,反而是当地人餐桌上的美食。

1863年,当伍德牧师在花园里饶有兴致地观察昆虫时,蜘蛛的形象也在经历着一次文化转型。18世纪,人们称赞蜘蛛的勤劳、技巧和创造力,甚至将蛛网称颂为"自然界的奇迹"。克莱尔·夏洛特·麦基奇尼(Claire Charlotte McKechnie)在《维多利亚文化期刊》(*Journal of Victorian Culture*)中写道,在19世纪末的哥特小说里,蜘蛛变成了不祥之兆,甚至带有种族歧视的意味:在伯特伦·米特福德(Bertram Mitford)的作品《蜘蛛标志》(*Sign of the Spider*, 1896)中,主人公的对手是一只巨大的非洲食肉蛛,"他的头和人头一样大,长满了黑色毛发,就像一张可怕的、残忍的、怪异的人脸,隐约闪现出魔鬼的形象——那双死鱼般的眼睛闪烁着无比邪恶的光，死死地盯着被它的外表惊得目瞪口呆的人"。1897年，博物学家格兰特·艾伦（Grant Allen）更是大胆断言："要论凶狠、嗜血，世界上可能再也没有其他生物能超越它——看似平常的花园蜘蛛。它们个头虽小，但异常凶猛。"麦基奇尼认为蜘蛛代表了"对入侵的恐惧，对殖民主义是否道德的担忧，以及对藏身于帝国角落的异族人的怀疑"。蜘蛛恐惧症混入了仇外心理，其中还夹杂着对帝国主义负面影响的焦虑。

此后，蜘蛛的象征意义继续发生变化。1992年，弗洛伊德的追随者卡尔·亚伯拉罕（Karl Abraham）提出，蜘蛛象征着贪婪的母亲，随时准备诱捕和阉割自己的孩子——它的外表就像"嵌入女性生殖器中的阴茎"。2012年，环境哲学家米克·史密斯（Mick Smith）表示，人们害怕蜘蛛，因为它代表了原始而野蛮的大自然——这些"荒野使者"不断挑拨着西方世界的神经，要知道，"脱离自然，用文化控制自然的能力"正是西方世界自恃不同、引以为傲的地方。这些生物通过无形的丝线悄无声息地侵入人类文明的内部空间，史密斯说，它们躲在墙上的裂缝里，黏糊糊的蛛网上挂着昆虫的尸体。他引用了生态学家和哲学家保罗·谢泼德（Paul Shepard）的观点："蜘蛛是其他某种东西的替身……似乎它们存在的意义就是提醒我们一些本想忘却的事，但我们又想不起来那究竟是什么。"我们讨厌蜘蛛，因为它们总是躲在"裂缝里或什么东西的下面"，它们"永远被夹在中间"。

2006年,珍妮·迪斯基报名参加了伦敦动物园的"亲近蜘蛛活动",想借此机会克服对蜘蛛的恐惧。她和其他17名蜘蛛恐惧症患者聚到一起,分享了各自对蜘蛛的感受,聆听了相关主题的报告,还完成了20分钟的放松和催眠疗程(催眠师不断告诉他们"蜘蛛是安全的")。之后,他们来到了动物园的无脊椎动物馆。迪斯基非常惊讶,自己竟能接受让一只蜘蛛爬过手掌,还摸了另一只蜘蛛毛茸茸的腿。她不害怕蜘蛛了。"但我有一种奇怪的失落感,"迪斯基说道,"一直以来,害怕蜘蛛就像是我的标签……我感觉一部分自己消失了。"她不禁思考,如果自己从此无所畏惧,那她还是她自己吗?

人们想出了许多办法治疗蜘蛛恐惧症,迪斯基就是在催眠、教育和实际接触等多种方法的共同作用下被治愈的。2006年,一位44岁的英国商人在布莱顿医院接受了杏仁核切除手术,结果,他的恐惧症竟意外被治愈了。手术的目的本是治疗癫痫,但术后1周,这名病人发现自己不再害怕蜘蛛了。不过,他对其他事物的感受并没有受到影响:据他本人表示,术前他不怕蛇,术后也依然不怕;术前他害怕在人前演讲,术后也依然怕得不行。

2017年,保罗·西格尔(Paul Siegel)和乔尔·温伯格(Joel Weinberger)在美国进行了一次针对蜘蛛恐惧症的"超短时暴露疗法"实验。他们让蜘蛛恐惧症患者观看幻灯片,在中性、起到掩饰作用的花朵图片中混入狼蛛的图像,但只让后者出现0.33秒。实验对象并不知道自己看到了蜘蛛,但实验后,他们都表示自己没那么害怕这种生物了，甚至可以在水族馆近距离接触活的狼蛛，而且一年后，效果依然存在。这些患者大脑中的恐惧回路已被切断，尽管他们是在无意识的状态下完成的暴露过程。但在不改变其他环节，只延长蜘蛛图像的出现时间时，蜘蛛恐惧症患者会在实验过程中表现得烦躁不安，实验结束后，他们的恐惧症状也没有得到任何改善。

2015年，荷兰阿姆斯特丹大学的两名研究人员测试了另一种蜘蛛恐惧症的快速疗法。玛丽耶克·舍泰尔（Marieke Soeter）和梅雷尔·金特（Merel Kindt）把一只狼蛛放在45名蜘蛛恐惧症患者面前，两分钟后，他们让其中一半的患者服用了40毫克普萘洛尔——一种可以引起失忆的β受体阻滞剂。实验人员希望通过激活、再消除实验对象对蜘蛛的记忆，一并消灭他们的蜘蛛恐惧。这一实验的基础是神经学家约瑟夫·勒杜（Joseph LeDoux）的记忆再巩固理论。勒杜认为，从杏仁核中提取的记忆有短暂的可塑性：在记忆被触发的数小时内，它可以被修改，也可以被消除。

实验奏效了。与控制组相比，服用了"失忆药"的患者恐惧症状明显缓解，而且一年后依然能够保持。实验人员宣布，这次简单的干预"快速、切实而长久地消除了恐惧"。他们形容这一新的治疗方式"更像是手术而非一般治疗"。他们没有减轻这一病症，而是直接把它从患者的大脑中剔除了。

另见：昆虫恐惧症　恐蛇症　动物恐惧症

计数癖 Arithmomania

计数癖（arithmomania）——来自希腊语"arithmos"，意思是"数字"——最早于19世纪末在法国被发现，主要表现为病态的强迫计数和过分关注物品或事件的数学属性。1894年，英国精神病学家丹尼尔·哈克·图克（Daniel Hack Tuke）接诊了一位女性计数癖患者，这名患者由伦敦西部小镇依灵的斯特兰曼·格拉布医生（Dr Strangman Grubb）转介，她的特点是"一切行动都从计数开始"。不论是翻身、走进早餐室，还是拿起茶壶，她都必须先数够某个数。她总是控制不住地数自己呼吸了多少次、走了多少步。这位患者告诉图克医生，有时她会想到，自己数数是不是为了把什么可怕的想法压制住。同一时期，维也纳的西格蒙德·弗洛伊德将一位年轻女子数地板块数和楼梯层数的强迫行为解读为"想要把注意力从性欲上移走"；巴黎的乔治·吉勒·德拉·图雷特（Georges Gille de la Tourette）则认为计数癖和其他强迫症一样，是他在1885年发现的抽动综合征的常见表现。

计数癖患者的真实情况就像尼基·雷恩·克雷格（Nikki Rayne Craig）在2016年的一篇网络日志中所写的一样，数字焦虑侵染了生活的每一个角落。"我会一直盯着数字时钟，直到上面显示的数字让我觉得舒服为止，"她写道，"我的车载广播和家里电视的音量必须得是9的倍数，否则我的手就会疼。我要反复洗手才会觉得干净，还要反复检查才敢相信水龙头已经关好了。"她继续说道,要是看见不喜欢的数字,"我会觉得手腕和手指的关节疼,皮肤好像突然被扯紧了,要是不咬住嘴唇或掐自己一下,可能就掩饰不住痛苦的表情了。"虽然许多人都有偏爱的数字,但对计数癖患者来说,这种痴迷已经影响到了日常生活。"你会为了一个音量的数字把音乐开到震耳欲聋吗?"克雷格问道,"如果你的答案是肯定的,那你就是计数癖。"

在 19 世纪 80 年代发明了交流感应电动机的塞尔维亚裔美国工程师尼古拉·特斯拉(Nikola Tesla)尤其痴迷数字 3。他会仔细统计自己的步数,确保总数能被 3 整除;在进入大楼前,他会先绕着建筑物走 3 圈;住在酒店的时候(他一定会选房号是 3 的倍数的房间),他会要求酒店每天送来 18 条毛巾,在晚餐桌上摆 18 条手帕。伦纳德·J.戴维斯(Lennard J. Davis)在《痴迷史》(*Obsession: A History*,2008)中推测,这些表现和其他强迫性躁狂症一样,都是现代社会才有的现象,是机械化崇拜的产物。"当工业文明越发强调和依赖精准、重复、标准化和机械化时,"他写道,"社会可能对这些特质产生不一样的看法,社会成员可能会模仿、吸收、消化并夸大这些特性。"那些有强迫性行为模式的人可能正是内化了机器极度专注、多次重复的特点。

1972 年,儿童教育节目《芝麻街》[1](*Sesame Street*)有

---

[1] 《芝麻街》是美国公共广播协会(PBS)制作播出的儿童教育电视节目,自 1969 年首播以来,已在全球 150 多个国家播出,受到数千万儿童及家长的喜爱。该节目通过木偶、动画和真人表演等多种形式,向儿童讲解阅读、算术的基本知识和生活常识。——译者注

了一个新人物——"计数"伯爵（Count von Count）[1]——他对数数的痴迷时常令朋友抓狂。在1974年播出的一集中，伯爵因为数铃声数得入迷，硬是不让厄尼（Ernie）接起电话。1984年，他又因为在电梯里忘我地数数，忘了把克米特（Kermit）"放到"他想去的楼层。"计数"伯爵这一角色的加入是芝麻街的自嘲，因为节目经常使用重复数字和字母的方式来教育和逗乐小观众。"计数"伯爵的原型是吸血鬼伯爵德古拉——据说计数癖是吸血鬼的通病。根据东欧传说，如果吸血鬼在路上看到成堆的罂粟、芥菜或谷子，他们一定会停下来数个清楚。美国民间传说相信有一种东西能分散女巫的注意：如果在前门挂上筛子，女巫就会纠结筛子究竟有多少个孔。所以，她们会在门口永远数下去，以至于忘记到这户人家作恶。

另见：意志缺乏症　书写癖　不洁恐惧症　数字4恐惧症　数字13恐惧症

1　Count von Count 的形象是一个吸血鬼伯爵，"count"一词有"算数"和"伯爵"两层意思。——译者注

B

棉花恐惧症　Bambakomallophobia

棉花恐惧症（bambakomallophobia）来自希腊语"棉花"（bambakion）和"羊毛"（mallos），即对棉花的厌恶。这一病症可能会引起强烈的不适感，类似许多人听到指甲划过黑板、刀尖刮擦盘子的声音，或看到桃子毛茸茸的表皮时的感受。一些人特别害怕棉球被压成一团又回弹开来的样子，还有撕扯棉球时嚓嚓作响的声音。克里斯·霍尔（Chris Hall）在《卫报》（*The Guardian*）上撰文回忆了自己恐惧棉花的童年经历：他害怕手工圣诞贺卡上用棉花做成的云朵装饰；害怕护士打完针后用棉签按压他的胳膊；更害怕牙医把棉球塞进他的嘴里。他对毛绒玩具也敬而远之，因为它们肚子里塞满了那种软乎乎的神秘物质。

对棉花恐惧症患者来说，撕扯棉花的嚓嚓声要比弯折塑料的尖利噪声更加可怕。"光是想象那种声音，我心里就开始发毛，它让我联想到静电，"作家劳伦斯·斯科特（Laurence Scott）写道，"光是想想，我的身体就会产生反应（颤抖，后槽牙像被电击了一般）。简直太可怕了，所以我从来没有真正撕过棉花，不知道撕棉花是否真是那种感觉，也不知道是否能在撕棉花时避免出现这些'症状'。"

另一位患者克里丝特尔·蓬蒂（Crystal Ponti）也表示，撕扯棉球的声音"足以摧毁神经系统——那声音就像吃爆米花时不小心咯到牙一样"。她第一次接触棉花是6岁的时候，她说自己当时"胃缩成一团,手心冒汗,一阵恐惧涌上心头"。棉花的触感可能让人不由自主地打起寒战,那感觉十分诡异——像是和某种不祥之物擦肩而过一样,听觉、触觉和视觉是彼此割裂开的。

另见:纽扣恐惧症 爆米花恐惧症 密集恐惧症

恐蛙症　Batrachophobia

恐蛙症患者害怕蛙类闪烁的眼睛、黏滑的皮肤、喉部的声囊、有蹼且分节的脚掌、静止时的纹丝不动和冷不丁地纵身一跃。"恐蛙症"(batrachophobia)一词来自希腊语"batrachos",即"蛙",这里的蛙包括青蛙、蟾蜍和其他两栖动物。

哲学家约翰·洛克(John Locke)发明了一种暴露疗法用于治疗恐蛙症,这种疗法至今仍是对抗许多恐惧症最有效的办法。"如果孩子看到青蛙被吓得发抖或拔腿就跑,"洛克在《人类理解论》(*An Essay Concerning Human Understanding*, 1690)中写道,"你可以抓一只青蛙,先放在离孩子较远的地方,让他从视觉上接受这种动物,等孩子习惯了,就让他靠近一些,看看青蛙跳跃的模样。下一步,你可以把青蛙再拿近一点,让孩子轻轻碰碰它。如此循序渐进,直到孩子面对青蛙就像面对蝴蝶和麻雀时一样自然。"洛克相信，只要按步骤逐一消除我们对恐惧对象的负面感受，恐惧症是完全可以克服的。

1983年，密歇根大学的心理学家用暴露疗法治愈了一位患有严重恐蛙症的26岁女性。她说自己对青蛙的恐惧是从18个月前开始的。一天，她正在用除草机修剪草地，当她走过河岸边茂密的杂草丛时，血肉模糊的青蛙碎块突然从除草机里喷了出来，还有许多活的青蛙从机器两边四散逃开。自那以后，她再也没有修剪过草坪，并开始做关于青蛙的噩梦，河岸边青蛙的叫声更是让她心烦意乱。要是家里跑进一只青蛙，她就得躲到屋外去。这位女性看到青蛙肉块时深入骨髓的恐惧似乎和害怕青蛙复仇的罪恶感与恐惧感融为一体。

2019年，葡萄牙波尔图的许多商人利用罗姆人对青蛙的恐惧阻止他们进入自己的店铺。他们选择了一种不违反歧视法的方式：在店门口摆放绿色的陶瓷青蛙。面对半岛电视台记者的采访，有10位店主承认了他们这样做的目的，并且补充说这个办法对上了年纪的吉卜赛人来说尤其有效。只有一名店主愿意公开自己的姓名，这位名叫海伦娜·孔塞卡奥（Helena Conceicao）的杂货商说："这就是为了吓跑吉卜赛人，因为他们害怕青蛙。"她毫不避讳自己的排外行为："没人喜欢吉卜赛人。"

另见：恐外症 动物恐惧症

披头士[1]狂热 Beatlemania

1963年底,在英国卡莱尔市排队购买披头士乐队演唱会门票的人群中爆发了一场骚乱:共有600名年轻女性被卷入其中,9人因受伤被送往医院。此后,伯恩茅斯、曼彻斯特、泰恩河畔纽卡斯尔、贝尔法斯特、都柏林也陆续出现类似报道。"这是披头士狂热,"《每日邮报》(*Daily Mail*)写道,"这一切将如何收场?"

第二年,披头士把这股热潮带到了美国。数千名年轻女性聚集在肯尼迪机场,另有几百人在曼哈顿的广场酒店外等候着她们的偶像。在这一次23城的巡回演唱会中,每一晚,披头士的歌声都会被观众的尖叫声淹没。在哭泣和哀号声中,乐队继续演奏,似乎完全不受影响。一些粉丝仿佛进入了性或精神上的狂喜状态,以至于在兴奋之下竟晕了过去。《纽约时报》将这些粉丝与20世纪40年代的吉特巴舞爱好者做了类比——后者被德国社会学家特奥多尔·阿多尔诺(Theodor Adorno)形容为"节奏的奴隶",受到一种原始欲望——融入群体——的驱使。另一名评论员说,患披头士狂热的女士可能是快要成为母亲的人,她们在预演生产时的叫喊。

---

1 披头士(The Beatles),英国摇滚乐队,1960年成立于英格兰利物浦市,1970年解散。成员包括约翰·列侬(John Lennon)、保罗·麦卡特尼(Paul McCartney)、乔治·哈里森(George Harrison)及林戈·斯塔尔(Ringo Starr)。该乐队常被认为是流行音乐史上最成功的乐队。——译者注

在加里·伯曼（Garry Berman）关于披头士狂热的口述纪实中，他记录了一位年轻女性观看披头士在艾德·沙利文秀上表演时的疯狂表现。"我们抚摸电视，高声尖叫，"她说，"节目结束后，我不得不把电视擦干净……我记得我们躺在地板上，当时我在想'天啊，我刚才是怎么了？'"

"我一直在尖叫，"另一个女孩在看完披头士演唱会后回忆道，"我忍不住，就好像我完全控制不住自己了。"还有一位粉丝说自己"把头发都扯掉了，一直尖叫，根本停不下来——以致于演唱会结束后我们都说不出话来了"。有的女孩如释重负，有的悲痛万分。"我哭了，"一个女孩告诉伯曼，"我就坐在那儿哭，也说不上为什么。"在《音轨》（*Vocal Tracks*, 2008）中，雅各布·史密斯（Jacob Smith）将披头士粉丝的尖叫同约翰·列侬（John Lennon）和小野洋子（Yoko Ono）[1]日后实践的原始尖叫疗法做了类比：尖叫和哭泣可能是释放潜藏在心底的性本我的方式。

诺埃尔·科沃德（Noël Coward）[2]很难理解这一现象，他在1965年的日记中写道，自己刚刚在罗马的一间体育馆里看了"4个天真无邪，甚至傻里傻气的年轻男孩"的演出。现场观众全都沉浸在"一场大型的自慰狂欢"里。"要我说，"他补充

---

1 小野洋子（1933—），日裔美籍音乐家、先锋艺术家，列侬的妻子。——译者注
2 诺埃尔·科沃德（1899—1973），英国演员、剧作家、流行音乐作曲家。因电影《与祖国同在》（*In Which We Serve*）获1943年奥斯卡奖。——译者注

道,"我想抓住这些尖叫的小疯子的脑袋,然后狠狠地撞在一起。"《新政治家》(*New Statesman*)的保罗·约翰逊(Paul Johnson)也轻蔑地说道:"那些围在披头士周围的人,那些尖叫到歇斯底里的人,那些痴傻地守在电视机前的人,是那一代人中最不幸的,他们是笨蛋、懒汉、失败者。"

20世纪60年代以后,大规模的流行明星热潮又出现了几次。其中,2012年由加拿大歌手贾斯汀·比伯(Justin Bieber)[1]掀起的"比伯狂热"尤其著名。作曲家多里安·林斯基(Dorian Lynskey)指出,早在披头士狂热之前,李斯特狂热就已经存在。这个词是诗人海因里希·海涅(Heinrich Heine)于1844年创造的,用来描述在相貌出众、魅力四射的钢琴家弗朗茨·李斯特(Franz Liszt)[2]的演奏会上爆发的"极度疯狂、闻所未闻的狂热"。李斯特的女性支持者们大喊大叫,有节奏地跺脚,情不自禁地发出狂喜的尖叫声。她们还收集李斯特的头发、琴弦、雪茄蒂和咖啡渣。

不过,披头士狂热就像比伯狂热和李斯特狂热一样,本质上是纯洁的:这是无法实现的爱欲,是粉丝们共同的迷恋。披头士乐队既是模仿的榜样,也是渴望的对象。"这和性没有关系,"在莉萨·刘易斯(Lisa Lewis)1992年的著作《疯狂的观众》(*The*

---

[1] 贾斯汀·比伯(1994—),加拿大流行音乐男歌手、影视演员,出道便收获大量粉丝。——译者注
[2] 弗朗茨·李斯特(1811—1886),匈牙利著名作曲家、钢琴家、指挥家,浪漫主义大师,浪漫主义前期最杰出的代表人物之一。——译者注

Adoring Audience）中，一位女性粉丝说道，"更多的是对自由的渴望。我不想在长大以后只做谁的妻子，我觉得披头士代表了我想要的那种自由。规则束缚不了他们，他们可以在床上躺整整两天，可以骑着摩托车四处跑，饿了就叫客房服务……我不想和保罗·麦卡特尼发生关系，那时我还很小。但我想成为像他那样的人。"

粉丝的情感也可能从崇拜瞬间转为敌对。《生活》（*Life*）杂志警告道："如果披头士成员毫无防备地走上街头，他们随时可能会被粉丝挤扁、撕碎。"与通常情况相反，女孩子成了捕猎者，而这几个利物浦的男孩成了狩猎对象。1965年，当披头士结束第二次美国巡演离开纽约时，一群激动的粉丝打断了3名警察的肋骨，还砸碎了机场的玻璃门和23扇窗户。

在披头士成员主演的电影《一夜狂欢》（*A Hard Day's Night*，1964）中，这4位巨星蜷缩在汽车里，一下车便飞速跑进了酒店大堂，后面跟着一群高声叫喊的年轻人。凭着这份疯狂，年轻的女粉丝们也让自己成了传奇。

另见：狂舞症 恶魔附身妄想症 狂笑症 毛发狂

藏书癖 Bibliomania

贾科莫（Giacomo）"带着狂喜和兴奋跑过储藏室，又跑过图书馆的走廊"，14岁的居斯塔夫·福楼拜在《藏书癖》（*Bibliomanie*，1837）中写道："然后，他突然停了下来，目光热烈而专注。他的手温暖而潮湿，微微颤抖着抚摸着木质书架。"这是福楼拜笔下痴爱书籍的书商。最后，他将自己的生命献给了一本书。

"藏书癖"（bibliomanie）是法语单词，来自希腊语"书"（biblios）。有关这一病症最早的记录可以追溯到1734年，但其巅峰出现在18世纪末。当时，英国的"书痴"们疯狂购书，掀起了一阵不亚于17世纪30年代荷兰郁金香狂热的风潮。英国曼彻斯特的医生约翰·费里尔（John Ferrier）在他的诗作《书迷》（*The Bibliomania*，1809）中就同胞的疯狂感慨道：

多么狂野的欲望，多么不安的躁动
不幸的人儿，被书染了病

1789年法国大革命后，许多贵族的私人图书馆被出售，几千卷珍贵藏书成了收藏家争相抢购的对象。同时，新书大量上市——再版、选集、简编——使原版古董书变得更加抢手。文史学家菲利普·康奈尔（Philip Connell）说："文学历史的物质痕迹被贴上了价格标签，它们代表着社会声望，还因为平床印刷机和铅版印刷术的出现平添了神圣遗物的光环。"据一份现代资料显示，旧书的价格在19世纪的头20年翻了两番。

修建私人图书馆的人总喜欢以文学遗产守护者的身份自居，但艾萨克·迪斯雷利（Isaac D'Israeli）在1801年把他们比作"囫囵吞枣的贪食者"，这些人囤积的书籍早已超过他们能消化的数量。迪斯雷利说，他们的收藏成了书本监狱，"各式各样的书籍——各式字体、丝绸衬里、3层金边、有色皮革——被锁在铁丝盒里，把读者粗糙的手挡在外面，让人不禁出于嫉妒而眯起眼睛"。这些书不是用来阅读的，而是供人观赏的，它们是不再流通的物品，就像被关在后宫的女人。它们成了诱人的展品：散发着肉香，涂抹着黄金，性感而迷人，但书页紧锁，可望而不可即。

在《爱书狂》（*Bibliomania*）、有时也称《为书而狂》（*Book Madness*）中，英国牧师托马斯·弗罗格纳尔·迪布丁（Thomas Frognall Dibdin）记录了贵族、古文物收藏家和企业家疯狂买卖图书的场景：1812年，罗克斯堡第三代公爵约翰·克尔（John Ker）私人图书馆的藏品被公开拍卖，结果变成了一场长达42天、充满了"冲动、厮杀、破坏和愤怒"的狂欢。其间，一本1471年版的乔瓦尼·薄伽丘（Giovanni Boccaccio）的《十日谈》（*Decameron*）甚至拍出了2260英镑的高价（相当于现在的200000英镑）。迪布丁补充说，这些疯狂的人尤其乐意为"初版、真本、哥特体印刷版和精装版、边缘未被裁开的毛边版、插画版、羊皮封面和丝绸衬里的典藏版以及羊皮纸印刷版"的书买单。他们爱的是书的"肉体"。

1836年，迪布丁目睹了著名书痴理查德·希伯（Richard Heber）的收藏——150000本书。"我环顾四周，目瞪口呆，"迪布丁写道，"我从没见过被书塞得如此之满的房间、壁橱、过道和走廊，整个空间仿佛要窒息了。这里3排，那里2排；几百本较薄的4开本——数本压在一起——堆在薄薄的、好像发育不良似的12开本上，从书架的一端一直延伸到另外一端。这些书堆得高高的，一直到天花板，地板上也散落着无数本书。"这位去世之人的图书馆展现出一派崩塌的景象，无数书本挤压着彼此，那是一座学习的墓园。

1836年，福楼拜在小说中创造了一个为书而狂的人物——书商贾科莫（Giacomo），这一人物的创作灵感来自一家法国报纸对僧侣出身的书商唐·文森特（Don Vincente）犯下谋杀案的报道。不过，这篇刊登在《审判通报》（*La Gazettedes Tribunaux*）上的文章似乎是杜撰的，因为在其他地方完全找不到有关这一事件的记载。这篇文章写道，唐·文森特为了得到一部珍本，放火烧了另一名收藏家的房子，导致这位竞争对手死在了那场大火里。后来，人们在文森特家里发现了那本书，他也因此被起诉犯有谋杀罪。在庭审现场，文森特的辩护律师拿出了一份广告传单，上面有许多待售商品，其中之一就是那部珍本。律师说道，唐·文森特的那一本很可能是买来的，而不是从房子里偷来的。但律师的努力随后就被文森特的反应打破了，律师话音刚落，他便哀号道："天啊！天啊！这竟然不是唯一一本！"最终，文森特被认定有罪，判处死刑。

在新书大量上市的年代，稀有书更显诱人。孤本是对一部作品物质上和精神上的双重占有，甚至像是拥有了作者的灵魂。显然，唐·文森特把拥有孤本的渴望摆在了比自己的生命和对手的生命更加重要的位置上。

此后，藏书癖导致的犯罪时有发生。1990年，美国艾奥瓦州的"图书大盗"斯蒂芬·布隆伯格（Stephen Blumberg）被指控从全国近300间大学和博物馆窃取了超过23600本、总价值超过530万美元的书。其中包括一本1493年的《纽伦堡编年史》（*Nuremberg Chronicle*），而且是用象牙色小牛皮装订的稀有版本。一位精神科医生为布隆伯格出庭做证，说他偷书不是为了获利——因为他已经拥有数量可观的信托基金——而是因为强迫收藏障碍使他控制不住自己。他的犯罪生涯是从偷窃附近一栋即将被拆除的维多利亚时期建筑物的彩色玻璃和门把手开始的。

2009年，伊朗出生的百万富翁、作家兼商人法尔哈德·哈基姆扎德（Farhad Hakimzadeh）因盗窃罪而遭受处罚，他从英国牛津的博德莱安图书馆和伦敦的大英图书馆偷走了150页图书。哈基姆扎德用手术刀小心地割下书页，然后带回自己在骑士桥的住处，用于替换私人藏书中破损的对应页。他破坏的大部分书籍是有关16世纪至18世纪欧洲与中东、远东地区往来的作品；

他偷走的其中一页是小汉斯·霍尔拜因（Hans Holbein）[1]手绘的地图，价值30000英镑。

大英图书馆"英国和早期印刷品收藏馆"负责人对此表示"极度愤怒"，他在接受媒体采访时说：哈基姆扎德"已经非常富有，却出于纯粹的利己主义，破坏了属于公众的财产，这些书籍承载着这个国家几代人的心血和付出"。负责该案的法官似乎更能理解哈基姆扎德的行为，他在宣判时说："你很爱书，但爱过了头。"随后，他判处了哈基姆扎德两年监禁。

另见：偷窃癖 购物狂 囤积癖 郁金香狂热

血液－注射－损伤恐惧症
Blood-injection-injury phobia

现在，人们通常将由血液、注射、损伤引发的极度恐惧（即血液恐惧症、注射恐惧症和创伤恐惧症）视为一种病症——血液－注射－损伤恐惧症。在总人口中，有3%-4%的人受其影响。这一病症的恐惧反应可能包括头晕、恶心、心率和血压下降，有时

---

[1] 小汉斯·霍尔拜因（1497—1543），德意志画家、装饰艺术家，生于奥格斯堡，曾任亨利八世御用画师，父亲老霍尔拜因也是画家。——译者注

还伴有视野狭窄、耳鸣、出汗和意识丧失的症状。如果情况严重,患者可能会拒绝验血、手术和接种疫苗,在极端情况下,他们也可能拒绝一切治疗。

血液－注射－损伤恐惧症患者大都表示自己对血液、损伤和针头的反感多于恐惧。实验同样证实,厌恶和恐惧都是这一病症的主要表现。观看外科手术视频时,害怕血和损伤的人会皱起眉头,抬起上唇。这时,他们的心率快速提升,然后迅速回落,形成两个泾渭分明的不同阶段——起初是恐惧(血液循环加快,由杏仁核控制),接着是厌恶(血液循环放缓,由脑岛控制)。血压快速下降会引起血管迷走神经的过度反应,导致眩晕,甚至意识丧失,极少数情况下也可能致命。在 1995 年的一篇关于注射恐惧症的文章中,詹姆斯·G.汉密尔顿(James G. Hamilton)记录了 23 个因针头恐惧引发血管迷走神经休克,最终导致死亡的案例。有人推测,血液－注射－损伤恐惧症初期以心跳加速为主要表现的恐惧反应可能是对即将到来的厌恶反应的恐惧,因为后者常伴随着一系列让人不适甚至威胁生命的症状,如恶心、眩晕和昏厥。

血液－注射－损伤恐惧症似乎是所有恐惧症中最易遗传的——约 60% 的患者都有近亲属患病——尽管这种恐惧对于进化的意义并不明显。见到鲜血就愣住、头晕或晕倒的人对正在遭受攻击的群体来说实在没什么作用:他们照顾不了受伤的同伴,无法攻击敌人,甚至自顾不暇。不过对血液和可能刺穿皮肤的东西的恐惧或许能从根本上帮助他们远离伤害。而且一旦受伤，血液-注射-损伤恐惧症还有可能起到自我保护的作用，因为由它引起的血压降低能够在一定程度上减缓失血速度。如果直接晕倒，血液-注射-损伤恐惧症患者或许还能逃过敌人的侦察，或至少抑制自己的攻击反射，换句话说，这些人不会战斗，也不会逃跑，他们会选择装死。

关于血液-注射-损伤恐惧症的由来，有一种假说认为这是旧石器时代的女性为了提高存活率而进化出的特征。对人类遗骸和DNA谱系的研究表明，在长达数千年的岁月中，年轻男性会为了争夺适育年龄的女性互相争斗。而在战斗中，一见到血就晕倒的女人和儿童更可能被俘虏而不是被杀害。如果这个假说是正确的，那么这种恐惧反应对适育年龄的女性比男性更有利，也应该在年轻女性中更为常见。2007年，斯特凡·布拉查（Stefan Bracha）和其他一些精神病学家在巴尔的摩进行了一场大规模的流行病学调查，试图验证这一假说。调查结果完全符合预期：适育年龄的血液-注射-损伤恐惧症女性患者数量是男性的4倍，而50岁以上女性的患病率急剧下降，仅为年轻女性的三分之一。这些发现似乎都支撑了进化论的解释。

血液-注射-损伤恐惧症患者可以通过咳嗽、吞咽液体、调动情绪等方式暂时提高血压，避免晕倒。20世纪80年代，瑞典心理学家拉尔斯-约兰·欧斯特（Lars-Göran Öst）指导了一些血液-注射-损伤恐惧症患者使用紧绷手臂、躯干和腿部肌肉

10秒—15秒的办法来增加流向大脑的血流量。1991年，欧斯特用实验检验了这一方法的效果。欧斯特将实验对象分为3组：第1组学习过他的"施压法"；第2组接受过暴露疗法的治疗；而第3组则两种方法都尝试过。欧斯特向3组对象分别播放了同一段胸外科手术的影像，结果发现，暴露疗法组表现出的恐惧症状是施压组的2倍，而表现最好的是两种治疗都接受过的那一组。

实验结束后，约一半学习过肌肉施压法的病人表示他们在观影过程中没有用到这个方法。欧斯特询问其原因，这些人回答"因为没有必要"。"要是我有反应了，"其中一位患者说，"我知道如何做才能有效地对付它。"或许是这份自信遏止了血管迷走神经的不良反应。学会了这一技巧后，这些患者的恐惧减轻了许多，他们甚至可以跳过血液－注射－损伤恐惧症的初始阶段，告别由恐惧转为厌恶时的断崖式血压下降和由其引起的眩晕。

另见：不洁恐惧症　牙医恐惧症

雷声恐惧症 Brontophobia

19世纪70年代，乔治·米勒·比尔德（George Miller Beard）在纽约连续接诊了数位害怕暴风雨的病人。在《精神衰弱实践专著》（*A Practical Treatise on Nervous Exhaustion*，1880）中，他将这些病人的表现定义为"打雷恐惧"（brontophobia，来自希腊语"bronte"，即"雷"），并指出这一病症通常还伴有闪电恐惧（astrophobia，来自"astrape"，即"闪电"）。这种恐惧存在已久——不论是罗马帝国的第一位皇帝奥古斯都·凯撒（Augustus Caesar），还是第三位皇帝卡里古拉（Caligula），都会在打雷时被吓得躲到床下或地窖里。根据格兰维尔·斯坦利·霍尔1897年的研究结果，打雷恐惧症是最为常见的恐惧症之一。他写道："可能再也没有一种声音能像打雷这样，影响到如此多人的感受，并激发出无穷的想象力。"

比尔德的病人们会表现出对打雷的极度恐惧，而且伴有头痛、麻木、恶心、呕吐、腹泻，甚至抽搐的症状。一位女士说，夏天她会一直观察云层，担心暴风雨的到来。"她知道，而且自己也说这很荒唐，"比尔德写道，"但她就是控制不住自己。"这位女士认为自己的恐惧症是从祖母那里遗传来的，而且她的母亲也曾告诉她，她还在襁褓中时就害怕打雷。一位牧师带着妻子找到比尔德，说她患雷声恐惧症已经6年了。每当暴风雨来临时，他都"必须紧闭门窗，让屋内保持黑暗，这给他和家人们造成了许多不便"。

1975年,同样是在纽约市,行为治疗师巴里·莱伯金(Barry Lubetkin)接诊了一位45岁的雷声恐惧症患者。这名女性无时无刻不在提防暴风雨的来袭。打雷时,她会惊恐万分地蜷缩在地下室里。她不只害怕雷声,还害怕其他突然爆发的巨大声响,例如汽车逆火、气球爆炸,还有飞机低飞时的轰鸣。她尤其害怕纽约夏季的暴风雨。她看过两位心理治疗师,但都没什么效果,于是她开始考虑离开这个地方。这位女士告诉莱伯金,她认为自己的雷声恐惧来自儿时在欧洲的战时经历,那时,枪炮声总让她惊恐不已。

莱伯金先教这位病人学习了一些放松的技巧,然后带她到当地的天文馆。在那里,他请放映员准备了一段3分钟的暴风雨录影。莱伯金让这位病人放松,然后反复观看影片,一天下来,这位病人总共看了8次。后来,病人告诉莱伯金自己的恐惧症状的确有所缓解。她不再像以前那么担心打雷了,甚至有一次在别人家时,正巧赶上暴风雨,她甚至感觉自己可以一直待在房子的顶层,而且,她也不像原来那样害怕爆裂声和飞机的声音了。

1978年,心理学家安德烈·利德尔(Andrée Liddell)和莫琳·莱昂斯(Maureen Lyons)分析了10位女性雷声恐惧症和闪电恐惧症患者的案例记录。这些患者的年龄在23—66岁之间,在过去的15年间,她们先后到伦敦的米德塞克斯医院接受过治疗。这些女性总是会因为暴风雨而焦虑:她们会不停地抬头,看天空有没有乌云；从电台和报纸了解天气预报；甚至拨打气象部门的电话询问最新信息。当雷声响起时，她们会迅速捂住耳朵，躲在被子和枕头下面，或缩在家里安全的角落。有两名患者会躺在最低一级楼梯旁的地面上，还有两人会躲在楼梯下面。她们颤抖、尖叫、呼喊着，身体忽冷忽热。

研究人员指出，一些人的恐惧是由生活中的不幸经历引起的——流产、不幸福的第二次婚姻、父母或丈夫的离世——有3位病人曾在第二次世界大战期间受到炸弹的惊吓。有一名女性说自己从越南移民到英格兰后就患上了雷声恐惧症，在越南时，她也曾经受过枪炮的洗礼。研究人员同时指出，大部分病人无法回忆起与打雷有关的创伤性经历，并由此推测雷声恐惧症属于实验心理学家马丁·塞利格曼（Martin Seligman）[1]在1971年定义的"预备恐惧"（或"已经存在的恐惧"）。在他颇具影响力的论文《恐惧与预备》（*Phobias and Preparedness*）中，塞利格曼提出了"进化决定了人类更易习得特定联系"的观点。他认为，害怕打雷和害怕高处、害怕黑暗一样，都是人类为了提升适应性进化而来的特征，这些特征曾经为人类做出过贡献，现在也依然潜藏在许多人身上。

塞利格曼认为，即便一些恐惧是与生俱来的，也必须通过经验的刺激才能发展为病症。虽然米德塞克斯医院的研究人员声称

---

[1] 马丁·塞利格曼（1942—），美国心理学家，主要从事习得性无助、抑郁、乐观主义、悲观主义等方面的研究。1998年当选为美国心理学会主席。——译者注

没有找到创伤性经历会致病的证据，但事实是，10位患者中有4人经历过炸弹袭击，更有一人形容自己被炸弹"吓傻了"。20世纪60—70年代，大部分成年伦敦市民都还记得1940年的闪电战和1944年、1945年的飞弹袭击，在那期间，超过40000人失去了生命。或许米德塞克斯的研究人员认为爆炸十分寻常，不足以构成创伤性经历。但对这些女性患者来说，比如莱伯金接诊的那位逃离欧洲的女士，打雷的声音很可能唤醒了她曾经的记忆：炸弹撕裂城市的空气，房屋摇摇欲坠，玻璃顷刻间破裂，在路面留下一个个凹痕，不知所措的人们四处奔逃，却难改死伤的命运。

另见：气球恐惧症 声音恐惧症

狂舞症　Choreomania

　　1374年仲夏，疯狂的舞蹈像流行病一样在莱茵河沿岸蔓延，波及了周围的许多村庄。"不论男女，"海伦塔尔斯[1]一位名叫彼得的和尚说道，"都在家里、在教堂和大街上跳舞，他们手拉着手，腾空跃起。"他们不停地跳，一连几个小时，甚至几天，直到筋疲力尽地倒在地上。这时，彼得说："他们感到胸口剧烈疼痛，如果不用亚麻布紧紧勒住他们的腰，他们就会像疯子一样拼命叫喊，好像快要死了一样。"的确有人死了。"被治愈的人后来回忆说，自己仿佛在血泊中起舞，所以总想跳起来，离开地面。"这场"舞蹈狂热"——后来得名"狂舞症"（choreomania，来自希腊语"khoros"，意思是"一群歌手或舞者"）——一直持续到10月下旬。

　　1518年7月14日，又一场舞蹈狂热爆发了。一位名叫弗劳·特罗菲亚（Frau Troffea）的女性在斯特拉斯堡[2]的大街上跳起了舞。1周后，她多了34位"舞伴"，1个月后，跳舞的队伍已经壮大到了400人。小镇为了平息混乱，不惜给这些人腾出室内室外的专用场地，甚至找来了乐师给他们伴奏，可惜这些做法没有任何效果，情况甚至更糟了。这场"舞会"一直持续到8月10日才结束，那时，已经有数十人因为心脏病和中风晕倒，甚至丢了性命。

1　比利时城市。——译者注
2　法国东北部城市。——译者注

这一系列"疯舞事件"激起了历史学家的兴趣。1832年，德国医生尤斯图斯·弗里德里希·黑克尔（Justus Friedrich Hecker）将这一现象形容为情绪传染病——一种"病态共情"——看到别人跳舞，自己就想跳舞。他认为这种病态表现的源头是黑死病，一种在1347年至1351年夺走了半数欧洲人生命的传染病。许多人即便侥幸存活，也一直深陷绝望的泥潭。于是，一些人开始用跳舞的方式发泄惊恐与悲伤。约翰·沃勒（John Waller）在黑克尔观点的基础上提出狂舞流行病是心因性疾病，这种疾病因恐惧而生，通过模仿传播。据他观察，这一病症最严重的几次暴发都是在灾后恢复的困难时期：莱茵河在1373年至1374年发生洪灾，河水淹没了街道和房屋；1518年的斯特拉斯堡刚刚经历了10年饥荒、疾病和严寒。凯琳娜·戈特曼（Kélina Gotman）认为这一疾病是社会动荡的表现，是原始状态和过激行为的爆发。疯狂的舞者出现了，她写道："当文明出现断层线，这些人就会从裂痕和缺口中溢出来。"

还有人认为，其实莱茵河畔的狂舞是麦角菌引起的严重痉挛。麦角菌是一种寄生在潮湿黑麦上的真菌，人们猜测或许是莱茵河的大水淹没了农田，导致真菌混入了人们的面包。但社会学家罗伯特·巴塞洛缪（Robert Bartholomew）认为，这场狂热的"始作俑者"更可能是来自匈牙利、波兰和波希米亚的朝圣者，他们把跳舞作为一种敬神的方式，每到一个地方，都能吸引当地人加入他们。巴塞洛缪引用了法国编年史学家让·德欧特默斯（Jean d'Outremeuse）写于 1374 年 9 月 11 日的一段话："他们从北方来到列日[1]……那是一群不停跳舞的人。他们的衣服连在一起，向上跳，向前跳……他们大声呼喊着施洗者圣约翰的名字，同时猛烈地拍打手掌。"

巴塞洛缪指出，在中世纪，跳舞可能是一种赎罪的方式。1188 年夏天，王室职员杰拉尔德·德巴里（Gerald de Barri）记录了威尔士一间教堂里正在进行的仪式。一群男女在圣艾尔梅达的神龛前跳舞，"他们绕着教堂的院子载歌载舞，一会儿神情恍惚地跌倒在地，一会儿又发疯似的突然站起身来"。他们用舞蹈表现自己的不端行为，模仿自己在宗教节日非法犁地、修补鞋子的动作。最后他们回到神龛，"突然清醒，恢复意识"。他们神游般的舞蹈被认为是一种精神状态，他们可以在这一状态下反思过错并寻求宽恕。

另见：披头士狂热　恶魔附身妄想症　狂笑症

---

[1] 比利时城市，地处欧洲中心。——译者注

幽闭恐惧症　Claustrophobia

对全世界 5%—10% 的人来说，狭小的房间、壁橱、洞穴、电梯、地窖、机舱、隧道、面具、核磁共振扫描仪甚至窄领 T 恤都会引起恐慌。密闭空间恐惧是意大利医生安蒂戈诺·拉吉（Antigono Raggi）于 1870 年发现并命名的，他讲述了一位著名画家的经历：一次，这位画家在狭窄的画廊里展出作品，突然间惊恐发作，他飞奔到门口，却发现门打不开，于是从窗户翻了出去，从一个屋顶跳到另一个屋顶，直到回到地面上。拉吉将这一病症命名为"封闭恐惧症"（clithrophobia，来自希腊语"kleithron"，意为"门闩"）。1879 年，英裔法国医生本杰明·鲍尔（Benjamin Ball）将病名更改为"幽闭恐惧症"（claustrophobia，来自拉丁语"claustrum"，意思是"密闭空间"）。

在鲍尔接诊的幽闭恐惧症患者中，有一位年轻士兵，当其独自站在通道里时，他总感觉周围的墙壁都在向内靠拢，他害怕被困住，所以总是快步离开。还有另一位患者，他在攀登巴黎圣雅各伯塔的盘旋楼梯时被吓了个半死。鲍尔说，这两名患者在家时都会敞开大门，好在害怕的时候迅速逃离。在鲍尔看来，幽闭恐惧症"看似与广场恐惧症完全不同，但其实非常相似"，因为二者都和无缘无故的忧郁或极度兴奋的狂热有关。20 世纪 20 年代，伦敦东区的弗雷德里克·亚历山大（Frederick Alexander）医生发现幽闭恐惧症患者大都"十分内省,他们总是观察自己,思考自己的心理过程",就好像被困的感觉先是一种精神状态,后来才成为生理感受。

由于这种病症十分常见,而且发病年龄普遍偏小,许多心理学家认为这是某种进化得来的生存机制的遗迹。1993年,加拿大的斯坦利·拉赫曼(Stanley Rachman)和史蒂文·泰勒(Steven Taylor)提出,幽闭恐惧症的第一要素是窒息恐惧,其次才是被困恐惧。他们发现,幽闭恐惧症更容易影响忧思过重的人,而且许多患者是在经历了恐怖事件之后发病的。1963年,莱格德[1]一处矿井坍塌,10名旷工被困在地下长达14天。西德心理学家安德烈亚斯·普勒格(Andreas Ploeger)跟踪记录了他们的情况,并于1974年的报告中声称10人中有6人患上了幽闭恐惧症。

第一次世界大战期间,精神病学先驱威廉·H. R. 里弗斯(William H. R. Rivers)[2]在爱丁堡附近的克雷格洛克哈特医院接诊了一名患有幽闭恐惧症的年轻军医。战前曾有心理学家告诉这名年轻人,他对密闭空间的恐惧一定来自某个被压抑着的、与曾经的性创伤有关的记忆——但年轻人怎么也回忆不起类似的经历。战争爆发后,他加入了皇家陆军医疗队,治疗也中断了。

里弗斯发现,这名男子的幽闭恐惧症在西部前线越发严重了。

---

1 西德城市。——译者注
2 威廉·H. R. 里弗斯(1864—1922),英国人类学家、神经学家、民族学家和精神科医生。他在第一次世界大战中治愈了许多患弹震症的军人,并因此出名。战争诗人西格弗里德·萨松(Siegfried Sassoon)也是他的病人。——译者注

"当他到达前线时，"里弗斯写道，"他只能在战壕里工作、生活，狭小的空间让他非常难受，而最让他感到害怕的是，万一发生意外，他可能根本无路可逃。他紧绷的神经在第一天到达战壕时就受到了巨大的刺激，当他询问铁锹和铲子的用途时，有人回答万一他死了，这些工具就可以用来埋葬他。"晚上，他无法在战壕中入睡，只能整夜踱步。很快，他就耗尽气力倒下了，并被诊断为弹震症[1]，然后被送回家了。

里弗斯分析了这名男性关于堑壕战的噩梦，并表示他虽然认同西格蒙德·弗洛伊德和其追随者关于压抑的观点，但反对他们将一切都归结到性上面。他认为这名年轻医生的问题是其他记忆导致的。几天后，这名患者回忆起了儿时在苏格兰的一次经历。他三四岁时，曾到一位收废品的老人家里用废品换了半个便士。离开时，他被困在了一个阴暗狭长的走廊里，一只狂吠的棕毛犬挡住了他的去路。年轻人告诉里弗斯，他当时害怕极了，但因为自己个头儿太小，想回到老人家里却够不着门把手。他还隐约记得老人的名字是"麦卡恩"（McCann）。

里弗斯向他的父母求证了这一情况，他们回答附近的确住着一位名叫麦卡恩的收废品的老人，但他们完全不知道儿子曾经去过他家。

---

[1] 弹震症（shellshock）属于创伤后应激障碍（PTSD）。第一次世界大战期间，许多士兵因为战争的残酷而感到极度恐惧和困惑，严重的甚至会精神崩溃，无法留在前线。——译者注

这段重见天日的记忆似乎治好了这名年轻医生的幽闭恐惧症。他感觉自己好多了，里弗斯说："他甚至希望我把他关进医院的地下室里，但显然，我不可能让他经受这样残酷的试炼。"回到伦敦后，这名男子甚至可以坐在拥挤的电影院里，而不久前，这还是一件让他非常害怕的事，而且，他乘坐地铁出行也没有感到任何的不适。1971年，里弗斯报告称这名男性仍然有口吃、噩梦等症状，但幽闭恐惧症的减轻似乎足以说明他这一方面的焦虑来源于那次在收废品的老人家门前走廊里的经历。

在里弗斯看来，这个案例证实了被压抑的记忆可能引起神经疾病。他指出，战争初期，医生都在努力寻找导致弹震症的身体原因，"但随着战线拉长，人们意识到这不是身体异常导致的疾病——在大多数情况下，枪炮声不过是一枚火星，点燃了长期累积的精神压力"。里弗斯认为，战场上的刺激让潜藏在士兵潜意识里的冲突暴露了出来。在1917年的晚些时候，他将这些概念运用到了诗人西格弗里德·萨松（Siegfried Sassoon）[1]的治疗当中。

在发表于1918年的作品《反攻》（*Counter-Attack*）中，萨松描写了一位在西部前线因恐惧而感到窒息的士兵：

---

[1] 西格弗里德·萨松（1886—1967），英国近代著名反战诗人、小说家。萨松在第一次世界大战爆发前自愿参军，但战场的残酷让他深深体会到战争的可怕，于是在1917年退伍返乡。萨松的作品有明确的反战立场，其代表作包括《于我，过去，现在以及未来》（*In me, past, present, future meet*），"心有猛虎，细嗅蔷薇"便出自该作品。——译者注

他俯着身子，缩成一团，恐惧在他体内奔走，让他目眩头晕

他想逃离——他厌恶这令人窒息的恐惧

还有那些被屠杀之人扭曲的身体

这个士兵身旁满是死去的战友，他和尸体一起被困在狭窄的战壕里

另见：恐飞症　广场恐惧症　黑暗恐惧症　火车恐惧症　活埋恐惧症。

小丑恐惧症　Coulrophobia

"小丑恐惧症"（coulrophobia）这一名词的确切起源并不可考。有人认为它诞生于20世纪80年代或90年代。"Coulro"可能来自拜占庭希腊语[1]"kōlobathristes"（踩高跷的人），也可能是现代希腊语"klooun"（小丑）的变体，而后者其实是来自英语的外来语。一系列接连发生的事件使这个新词应运而生。

1960—1970年，小丑在美国很受欢迎。其中最有名的要数儿童节目明星小丑博佐（Bozo），他有一头朝两边高高翘起的红

---

[1] 中古希腊语，又称拜占庭希腊语，是指公元7世纪到1453年君士坦丁堡陷落这一时期的希腊语。——译者注

发,一个圆圆的红鼻子,用油彩描绘的夸张笑容和永远上挑的眉毛。另一个小丑和波佐一样,也有着红头发、白面庞,那就是麦当劳叔叔——麦当劳餐饮连锁店的吉祥物。那时,小丑随处可见,人人都可以戴上假发、化上浓妆,在当地电视台扮演波佐,或是在汉堡店前招徕孩子。

但在20世纪70年代后期,小丑的形象被约翰·韦恩·盖西(John Wayne Gacy)彻底破坏了,他被判谋杀33名年轻男性和男童的罪名成立。盖西是来自伊利诺伊州郊区的商人,他经常打扮成小丑的模样在儿童派对和当地的筹款活动上表演,他还给自己取了个名字,叫小丑波哥(Pogo)。媒体曝光了一张盖西身着小丑服装的照片:一个胖胖的男人穿着红白相间的连体服,脖子上套着拉夫领,两只戴着手套的手一只向镜头挥舞,另一只攥着一把气球,涂得雪白的脸上画着两片巨大的、鲜红的嘴唇。"没人在意小丑在干什么,"据说盖西在被捕后这样说道,"小丑甚至可以走到女人身边,摸她们的胸部,她们只是咯咯笑,根本不会生气。告诉你吧,小丑就算杀了人也能脱罪。"1980年,盖西被判死刑。突然间,小丑纯白的面庞和夸张的笑容成了邪恶的象征,这副卡通面具的背后可能躲着一个疯狂的儿童绑架犯、杀人魔或性犯罪者,傻乎乎的笑容变成了淫荡的奸笑和对天真的讥讽。

1981年,马萨诸塞州波士顿市报道了多起小丑骚扰儿童的事件,学校董事会不得不通知所有老师:"当地警局和地区办公室提醒市民注意，近期有打扮成小丑模样的成年人骚扰上下学的儿童。请务必告诫孩子远离陌生人，尤其打扮成小丑的人。"媒体刚刚报道这一消息，就有人在布鲁克林发现了"跟踪狂小丑"，接着，普罗维登斯、罗德岛、堪萨斯城、奥马哈、内布拉斯加和科罗拉多也有了目击报告。对小丑的恐惧变成了一种大众恐惧，尤其在儿童当中，已经演变成了一种集体性歇斯底里症。

1986年，斯蒂芬·金（Stephen King）[1]的小说《死光》（*It*）大卖，书中的超自然小丑潘尼怀斯（Pennywise）进一步加深了人们对小丑的负面印象。潘尼怀斯是一股来历不明的邪恶力量，可以变幻成孩子最害怕的样子。他的脸上永远挂着大大的笑容，但他的灵魂却极其恐怖。1990年，这部小说被改编成了电视连续短剧，紧接着，鬼魂小丑的目击事件数就直线上升。1991年，有传言说一个小丑模样的鬼魂推着冰激凌车在苏格兰游荡，它会把孩子骗进车里，然后把他们剁碎。一个女孩听说，为了毁灭证据，鬼魂会把受害者的血滴在冰激凌上，代替覆盆子果酱。

演员约翰尼·德普（Johnny Depp）[2]在1999年坦言自己一直都害怕小丑。"那副外表下似乎潜藏着黑暗，"他在接受《旧金山观察家报》（*San Francisco Examiner*）的采访时说，"一种真正的邪恶。我之所以害怕他们，是因为他们的脸上画了重重

---

1 斯蒂芬·金（1947—），美国作家、导演、制片人、演员，代表作品有《闪灵》《肖申克的救赎》等，人称"美国恐怖小说之王"。——译者注
2 约翰尼·德普（1963—），美国影视演员、制片人、音乐人。代表作包括《剪刀手爱德华》《加勒比海盗》等。——译者注

的油彩,我根本看不出他们是真的开心,还是马上要把别人的脸咬下来。"

2008年,英国谢菲尔德的一家医院调查了250名儿童对病房装饰的意见,结果没有一个孩子希望小丑的形象出现在病房里。"我们发现所有孩子都讨厌小丑。"谢菲尔德大学的一位研究人员总结道。但这一刀切似的结论随即遭到了医院小丑协会(The Association of Hospital Clowns)[1]的反对。2020年,一篇刊登在《英国医学期刊》(*British Medical Journal*)上的文章为反对意见提供了一定支撑,研究人员在美国的医院中进行了124次实验,在对实验结果加以分析后,发现"小丑医生"能够缓解部分儿童的疲劳和身心痛苦。"有些孩子在病房中看到小丑很开心。"英国皇家儿科暨儿童健康学院(Royal College of Paediatrics and Child Health)的一位女性发言人说道,但她也同时指出,"但也有一些孩子表现出了惊恐。"

几个世纪以来,各式各样的小丑一直在挑动我们的神经。他们是"持证上岗"的捣蛋鬼,专门和社会规范对着干,鲜艳的面具和服装也被看作黑暗的伪装。约瑟夫·格里马尔迪(Joseph Grimaldi)或许是有史以来最出名的小丑扮演者,直到1837年他去世以后,人们才知道他一直被许多问题困扰着。查尔斯·狄更斯(Charles Dickens)在回忆录中写道,格里马尔迪出色的舞台表演背后是一连串的痛苦:酗酒、长期忍受身体上的疼痛、

---

[1] 专为医院的病人免费表演,给他们带去欢乐。世界多地都有类似的组织。——译者注

失去爱子的哀伤。和格里马尔迪齐名的还有法国的让-加斯帕尔·德比罗（Jean-Gaspard Deburau）——他塑造的小丑形象广受欢迎——1836年，巴黎街头的一个男孩嘲笑他，暴怒之下，他竟将这名男孩打死了。

法国作家埃德蒙·德·龚古尔（Edmond de Goncourt）在1876年写道："现在的小丑十分吓人，充满了焦虑和忧郁。"在他看来，小丑夸张而绝望的动作总让人联想到"疯人院的景象"。在鲁杰罗·莱翁卡瓦洛（Ruggero Leoncavallo）的歌剧《丑角》（*Pagliacci*，1892）中，小丑卡尼奥（Canio）因嫉妒作祟，在狂怒之下杀掉了不忠的妻子。

20世纪，受苦受难的小丑变成了冷酷无情的小丑。其中，最广为人知的当属蝙蝠侠的死敌——小丑，这一人物首次出现在DC漫画发行于1940年的连载作品里。20世纪60年代，电视屏幕上的小丑都是快乐的捣蛋鬼，但到了1989年，杰克·尼科尔森（Jack Nicholson）在《蝙蝠侠》里扮演的却是一个虚无主义的神经病患者。后来，希斯·莱杰（Heath Ledger）在2008年的《黑暗骑士》中，以及华金·菲尼克斯（Joaquin Phoenix）在2019年的《小丑》中呈现出的也是类似形象。现在，让我们不安的已经不是小丑的痛苦，而是他们的麻木不仁。

另见：人偶恐惧症

恐犬症　Cynophobia

在美国，因特定恐惧症寻求治疗的人中，恐猫症（ailurophobia）和恐犬症（cynophobia，来自希腊语"kyon"，意思是"犬"）患者占了总数的三分之一以上。放眼世界，狗的数量大约是人类总数的九分之一，因此，恐犬症可能给人的正常生活造成巨大影响。

恐犬症多见于儿童，比起成年人，他们更可能被狗追逐、攻击。1975年，临床心理学家玛丽安·L.麦克唐纳（Marian L. MacDonald）报告了一名11岁男孩的病情，他在父母的带领下来到伊利诺伊大学辅导中心。男孩的老师评价他"极其内向"，因为怕遇到狗，他不参加任何户外运动，上午和下午往返学校都由母亲接送，他的父亲也因为孩子从来不愿看比赛而放弃了体育运动。大部分时候，这个男孩都独自待在房间里看漫画，或是画超级英雄的画像。

男孩的父母告诉麦克唐纳，孩子是在3次不愉快的经历之后才开始害怕狗的。3岁时，一只流浪狗穿过家里的院子，把男孩吓了一跳。几个月后的一天，男孩和父亲坐在后门廊上，一只狗正巧走过。父亲把狗叫到身边，拍了拍它，然后鼓励男孩也摸摸那只狗。不料，男孩刚伸出手，那只狗竟突然回头咬伤了他的手臂。自那以后，男孩就变得非常胆小，他不只怕狗，还害怕其他动物（猫、青蛙、蚱蜢、蜜蜂）和与狗有关的声音（犬吠声和项圈上的铃铛声)。

又过了一年,有一天,男孩在前院玩球,突然,一只狗从灌木丛的缝隙里冲了出来,把他撞倒在地。自那以后,他就特别怕狗了。

这个男孩的案例似乎印证了奥维尔·霍巴特·莫勒(Orval Hobart Mowrer)[1]于1947年提出的条件性恐惧二因素模型,即恐惧由经典条件反射和回避行为构成。根据莫勒的解释,恐惧症患者首先在一次不愉快的经历中将"无条件刺激"(如疼痛)与"条件刺激"(如狗)联系起来,然后在回避恐惧对象的过程中进一步强化这种联系。虽然回避行为可以在短期内减少焦虑,但也剥夺了患者逐步给恐惧对象和负面联想"解绑"的可能。莫勒强调,患者将无条件刺激与条件刺激联系起来的次数越多,恐惧症就越难治愈——就像伊利诺伊州的男孩经历了3次惊吓事件一样。莫勒同时指出,在"二级条件作用"下,恐惧会扩散转移到其他对象上,男孩从怕狗发展到怕猫和青蛙就是这个原因。

回到伊利诺伊州的咨询中心,麦克唐纳为这个怕狗的男孩设计了一套脱敏疗法。她引导男孩想象与狗有关的事件,从不适感较弱的场景开始,然后慢慢过渡到直接与狗接触。"好的,"麦克唐纳说,"请你想象这样一个场景:你自己一个人在后院玩士兵玩具,然后抬起头来,看见家里的车道上有一只没见过的牧羊

---

1 奥瓦尔·霍巴特·莫勒(1907—1982),美国心理学家,主要从事学习理论的研究。1954年当选为美国心理学会主席。——译者注

犬，它跑过来，又从车库边跑走了。"之后的几周，麦克唐纳教男孩学习了放松技巧，还给了他狗的照片和录有犬吠声的磁带。她让男孩写一个故事，主题是他与狗的快乐时光。他们还一起学习了狗的肢体语言——脖子上的毛竖起来和摇尾巴分别是什么意思。她鼓励男孩阅读驯犬手册，并用玩具练习轻拍、挠痒的动作。然后她给男孩布置了任务：自己上学；学习骑单车；到公园去看一场棒球赛。

治疗成功了。两年后，麦克唐纳对男孩进行了回访，并在之后报告说："这个孩子已经可以独自或和朋友一块儿在户外玩耍，他不再躲避狗，也没有老师说他孤僻或内向了。"这个案例说明了恐惧症的复杂程度和破坏力，它不仅会渗透到孩子生活的方方面面，还会影响孩子父母的生活。对这个男孩和他的家人来说，恐犬症既是他们共同的困扰，也给了他们一个共同努力的课题。

除个人经历外，文化影响也会催生恐惧反应。许多逊尼派和什叶派穆斯林认为狗是不洁的动物，如果一个人碰到了狗的嘴或鼻子，就要通过仪式来净化自己。

路易斯维尔大学 2008 年的一项研究发现，非裔美国人的恐犬症患病率高于非西班牙裔白人。研究人员认为，造成这一差异的原因是美国黑人的历史。19 世纪，美国南方的一些种植园主有意培养狗对黑人的敌意，他们让黑奴把狗绑起来，虐打它们，然后放狗攻击这些黑奴。这些狗被用来追赶逃离种植园的人，就像罗门·诺瑟普（Solomon Northup）[1]在1853年的回忆录《为奴十二载》（*Twelve Years a Slave*）中所写："它们就要追上我了，嚎叫声越来越近。它们随时可能扑到我的背上——用长牙咬破我的皮肉。好多狗在追我，我知道它们会把我撕成碎片，在最短的时间内咬死我。"

在美国，狗一直被当作种族暴力的武器。20世纪60年代，警察曾放狗攻击民权运动中的黑人示威者；而据2015年的一项研究发现，美国警察对黑人使用"犬类武力"的可能性仍然是白人的两倍。

另见：毛皮恐惧症　恐水症（狂犬病）　动物恐惧症

---

[1] 所罗门·诺瑟普（1808—1875），美国黑人，出生于纽约。1841年，所罗门在华盛顿被绑架，成为奴隶。所罗门的自传《为奴十二载》在2013年被改编为同名电影。——译者注

恶魔附身妄想症　Demonomania

"我是恶魔的妻子,我们在一起已经有100万年了。"19世纪初,法国的一名洗衣女工对精神病学家雅—艾蒂安·埃斯基罗尔这样说道。据她说,自从一个孩子在她怀中死去,她就被撒旦附身了。"恶魔和我住在一起,"她说,"不停地告诉我它是孩子的父亲。我感到子宫很疼。我的身体就像一个用恶魔的皮肤做成的口袋,里面装满了恶魔的化身——蟾蜍、蛇和其他不洁的东西。"她还说恶魔一直在怂恿她攻击陌生人、勒死自己的孩子。

埃斯基罗尔的另一位女病人说,她的臀胯部住着两只恶魔,恶魔会变成猫的样子——一只黄白相间,一只纯黑——从她的耳朵里跑出来。为了不让它们进出,她用油堵住了自己的耳朵。

不过,埃斯基罗尔认为这不是魔鬼附身,而是一种精神疾病——恶魔附身妄想症(demonomania,源自希腊语"daimōn")。他说,这种病曾有过几次流行,比如在14世纪的荷兰、比利时和德国,还有16世纪中期的罗马,不过,现在已经很少见了。他在《精神疾病》(*Mental Maladies*,1837)中写道,在他见过的数千名精神病人中,患恶魔附身妄想症的只有不到20人。过去,人们"因为魔法、巫术和地狱发狂。现在,让人发狂的是随时可能被警察威胁、追捕、囚禁的担忧"。地狱使者已经被国家使者取而代之了。

但埃斯基罗尔的结论似乎下早了。在这本颇具影响力的著作问世20年后，恶魔附身妄想症在位于法国、瑞士和意大利交界处的上萨瓦山区再次爆发。从1857年到19世纪60年代中期，阿尔卑斯山的莫尔济讷小镇有半数妇女和许多男人、儿童都"被恶魔附了身"。

小镇上的"零号病人"是10岁女孩佩罗纳·塔韦尼耶（Péronne Tavernier），1857年春天的一个早上，她从教堂出来，看到人们从河里救起一个孩子，那孩子差一点儿就被淹死了。当天晚些时候，佩罗纳晕倒了，好几个小时都醒不过来。之后的几周，她出现了癫痫发作和精神恍惚的症状。有一天，她和朋友玛丽·普拉尼亚（Marie Plagnat）一起照料山羊，突然，玛丽在她身边晕倒了。不久后，两个女孩都出现了幻觉。玛丽预言，佩罗纳的父亲马上就要生病去世，结果佩罗纳的父亲和家里的牲畜竟真的患上了不知名的怪病。玛丽的兄弟姐妹也出现了奇怪的症状：妹妹成了斜视，姐姐说自己体内住着恶魔，还有人看见她的哥哥用不可思议的速度爬上了树。

不过数月，小镇的病人就超过了100人。他们四肢抽搐、出现幻觉、口吐白沫、口音改变，肢体动作变得扭曲，嘴里还念叨着各种"预言"。1858年，在病人家属的要求下，小镇的神父进行了一次公开驱魔，但场面很快就失控了：聚集在教堂里的人们咒骂、抽搐、捶打桌椅，满口污言秽语。后来，神父又单独给几个病人驱了魔。在此过程中，鬼魂似乎通过被附身的人开口说话了，它们都承认自己生前犯了罪。不过，神父在1860年表示，他并不认为莫尔济讷小镇的居民真的被恶魔附了身,他认为那些人不过是病了。因为这一言论,好几个教区的居民攻击了他,阵势之大甚至惊动了警察。第二年,法国疯人病检察长带着一群士兵来到小镇维持秩序、平定混乱。检察长把发了疯的人全都送进了医院,并要求把他们隔离起来。

此后的一段时间内,莫尔济讷恢复了往日的宁静,但1864年,许多被送进医院的人回到镇上后,疫情再次暴发了。5月,一位主教造访小镇,看到墓地和教堂的地上躺着几十名抽搐的妇女。当主教走向讲坛时,几个人突然扑了过去,一边咒骂,一边撕扯他的衣服,朝他的脸上吐口水,甚至想咬他。

这次事件之后,政府再次介入。他们组织了音乐会、舞蹈会,想通过这些活动让人们平静下来。政府还在当地修建了图书馆,把犯病的人再次送进医院,并尽量减少各种宗教活动。这些做法奏效了。到1868年,被"附身"的妇女只剩下少数几个,邻居们觉得她们要么是病了,要么是智障者或在演戏。"或许,"社会学家罗伯特·巴塞洛缪写道,"摒弃教堂和巫术的老办法,改用科学家的新办法去重新解读这种病症,是解决这次事件的关键。这一疾病不再属于集体,而是个人。"莫尔济讷事件展现了人们对世界看法的转变——从宗教转向科学,从集体转向个人。埃斯基罗尔对恶魔附身妄想症的精神疾病定性得到了肯定。

法国历史学家凯瑟琳-洛朗斯·梅尔(Catherine-Laurence Maire)是第一个详细记录莫尔济讷事件的人,她认为恶魔附身妄想症在小镇暴发的原因是它与外部的现代社会突然有了联系。几个世纪以来，小镇居民一直在群山环绕下过着与世隔绝的生活，他们相信魔法和恶魔的存在，恪守罗马天主教会的信条。他们对山对面的世界知之甚少——镇上2000名居民只有10%的人识字。但到了19世纪50年代，交通和通信的发展逐渐打开了这片地区的大门，小镇半数以上的男人都去了日内瓦或洛桑工作，只在圣诞节期间归家。他们的妻子、母亲和女儿则留在家里照看牲畜和土地。

就在社会和人口都在发生剧变的时候，莫尔济讷的女性"被恶魔附身"了。美国作家艾伦·S. 韦斯（Allen S. Weiss）认为，她们"用最夸张的语言和姿势，表达出了一个文明走向最终瓦解的痛苦与渴望"。莫尔济讷的恶魔狂热是中世纪文明垂死时的最后挣扎。

另见：披头士狂热 狂舞症 皮划艇恐惧症 狂笑症

抠皮症　Dermatillomania

1889年,法国皮肤科医生路易-阿内-让·布罗克（Louis-Anne-Jean Brocq）首次使用"抠皮症"（dermatillomanie）一词形容一个青春期少女不停抠青春痘的行为。"Derma"在古希腊语中表示"皮肤",而"tillo"是"拔出""扯掉"的意思。这一病症也被称为"剥皮障碍"或"皮肤搔抓障碍"。"这种行为完全不受控制,"乔治·米勒·麦基（George Miller MacKee）在1920年写道,"而且患者很难,或根本不能抑制搔抓死皮、毛囊角栓、粉刺、胡茬儿、痤疮、粟粒疹、伤疤的冲动。"

直到2013年,美国精神医学学会出版的《精神障碍诊断与统计手册（第五版）》才将抠皮症列为精神疾病,它和拔毛癖、剔甲癖一样,在不同情况下可能被归入强迫性精神障碍、冲动控制障碍、以身体为中心的重复行为障碍等不同范畴。

大部分抠皮症患者的"工具"是手指甲,不过也有部分患者会使用牙齿、镊子、大头针和小刀。抠皮症并不罕见,患病率约为3%,但就医的患者大约只占其中的20%。抠皮行为通常在患者青少年时期开始,患者希望通过挠、抠、挤、蹭的方式让皮肤变得平滑。抠皮症患者非常介意皮肤上的斑点、丘疹、结痂、疤痕和蚊虫叮咬的痕迹。一些患者"专攻"面部皮肤,还有一些患者不放过任何一个能摸到的地方——直到全身上下只剩两块肩胛骨间的蝴蝶形区域"幸免于难"。

抠皮症可能是牛皮癣或疥疮等皮肤病引起的，也可能是糖尿病或肝病等可能导致皮肤异常的疾病引起的，不过，大部分患者的病因来自心理层面。这种疾病可以通过药物或认知行为疗法加以治疗，但在少数情况下，抠皮症也可能危及生命。1999年的一项研究记录了2个案例：一位女性患者拼命搔抓脖子，直到颈部动脉都露了出来；另一位女性患者因为疯狂的抠手行为，医生考虑让她截肢。

故意的抠皮行为可能是一种自我惩罚。但更多情况下，它是自发的、下意识的、让患者感到愉悦的。抠皮症患者用手指掐、捏自己的皮肤，好像搔痒一样，一会儿刺激它，一会儿安抚它，在这个循环中，患者的身体开始了一场与自己的亲密对话，在躁动不安、迷迷糊糊的状态下，理智和外部世界都逐渐远去。

"医生，"一位女性患者对美国皮肤科医生迈克尔·布罗丹（Michael Brodin）说道，"就这么和你说吧，我喜欢抠皮，我妈妈喜欢抠皮，我女儿也喜欢抠皮。"她的口吻像是在"宣告"什么似的，2010年，布罗丹在接受《美国皮肤病学会期刊》（Journal of the American Academy of Dermatology）采访时回忆道，"她的语气和神态非常坚定，就好像她刚才告诉我的是他们全家都是共和党党员，而且为此感到非常自豪。"

另见：恐虫症 接触强迫症 剔甲癣 拔毛癣

嗜酒狂 Dipsomania

"嗜酒狂"（dipsomania）一词（来自希腊语"dispa"，意思是"口渴"）是德国医生克里斯托夫·威廉·胡费兰（Christoph Wilhelm Hufeland）在1819年创造的。19世纪，人们用这个词来形容对酒的病态渴望和酒醉后的癫狂状态。

在维多利亚时期众多形容饮酒过度的词汇（比如"醉酒""无节制饮酒""习惯性醉酒酗酒暴饮"）中，英国医生最喜欢的还是"嗜酒狂"。这个词给酗酒披上了一层科学的外衣，将人们的视角引向一种疾病，而不是单纯的道德问题。1882年，医疗用语中新增了"酗酒"（alcoholism）一词，此后，"嗜酒狂"就被进一步描述成间歇式的、不定期发作的醉酒行为。被称作嗜酒狂的人沉迷饮酒，但他们的"爆发期"之间通常间隔着"冷静期"。1892年，英国精神病学家丹尼尔·哈克·图克将这种狂热明确为"沉迷饮酒且无法压抑饮酒的冲动，病症间歇性发作，患者在发作时意志消沉、极度痛苦"。

20世纪初，精神病学家皮埃尔·让内报告了一位女性患者的案例：这名32岁的女性接受过良好教育，但从19岁起，她就间歇性地强烈渴望饮用威士忌。"这名女性，"让内说，"是典型的嗜酒狂。"她知道威士忌的可怕，所以每次都想小啜一口就停下，但还没等她反应过来，啜吸就变成了猛灌，而且根本停不下来。让内说："她感到羞愧、难过，但还是躲起来继续喝。"

她一天就能喝掉半瓶威士忌，然后昏睡过去，再带着深深的绝望醒来："她曾想过自杀，后来，她用发毒誓的办法让自己放弃了那个念头。"

这名女性告诉让内，在狂欢过后的几周，甚至几个月内，她都只喝水，但之后，她的想法又会改变。一开始，改变发生得很慢，但紧接着，情况急转直下，直到"悲伤笼罩一切，没有任何事能让我提起劲来，我只感到深深的疲倦"。在这种状态下，她说："我厌倦一切，什么都不想干，我甚至不会生气，因为再没什么事值得我生气了。看到别人生气，我还会惊讶于他们的气力。"她说自己既不是开心，也不是不开心，只是无欲无求了而已。"你根本想象不出那种感觉，阴影一点点侵入你的生活，就像日食一样。"

让内的这位病人感到无比凄凉，对丈夫和孩子也没有一丝爱意（"失去感受爱的能力是一件多么可怕的事！"），她想不到不去自杀的理由，于是又喝起了威士忌。"一口下肚，世界又有了颜色，生活也变得有意思了，"她说，"我不再麻木，我能看、能读、能说、能动，我感觉活着挺好。威士忌让一切有了意义，虽然我知道那是虚假的。"她知道那是酒精的作用，也知道后遗症的可怕，但有的时候，这就是她唯一想要的东西。

另见：偷窃癖 忧郁症 无手机恐惧症 纵火狂

毛皮恐惧症　Doraphobia

1897年，美国心理学家格兰维尔·斯坦利·霍尔记录了111例"厌恶毛皮"的案例，并将这一表现命名为"毛皮恐惧症"（doraphobia）——来自希腊语"dora"，即"动物的毛皮"。霍尔发现这些患者大都讨厌毛皮的触感，不论是柔软的貂皮、粗硬的猂犬皮，还是油滑的鼠皮。一个14岁的女孩尤其害怕毛发分开或被风吹散时，下面的皮肤裸露出来的样子。

在1919年的一项著名实验中，美国行为心理学家约翰·布罗德斯·沃森（John Broadus Watson）和罗莎莉·雷纳试图证明恐惧是可以被人为诱发的。二人的这一想法受到了俄国生物学家伊万·彼得罗维奇·巴甫洛夫（Ivan Petrovich Pavlov）的启发。后者发现，动物经过训练，会对特定刺激产生生理反应，比如狗，在训练其把铃声和喂食联系起来后，只要铃声响起，狗就会流口水。

沃森和雷纳想让婴儿害怕白鼠。他们的实验对象是"艾伯特·B."，这个"麻木、冷漠"的男孩是美国马里兰州巴尔的摩市约翰·霍普金斯大学医院里一个奶妈的孩子。小艾伯特9个月大时，沃森和雷纳在实验室对他进行了一系列实验。在第一轮实验中，他们让艾伯特接触了白鼠、兔子、狗、猴子、面具和棉花，这时，艾伯特对这些物品均未表现出恐惧。不过，他对实验人员在他脑袋后面用锤子敲打铁棒的声音反应强烈，他不仅愣住了，还哭了起来。

两个月后，第二轮实验开始了，研究人员希望艾伯特把巨大的噪声和白鼠联系起来。他每次伸手触摸老鼠，研究人员就用锤子敲击铁棒。1周后，实验人员再次把白鼠放在艾伯特面前，他犹豫了。他试探性地把左手食指伸向老鼠，但没有碰它。在那一天中，心理学家每隔一段时间就把白鼠放在艾伯特面前，同时敲打铁棒，实验结束时，艾伯特一看到白鼠就表现得十分恐慌。

"在看到老鼠的瞬间，婴儿哭了，"沃森和雷纳记录道，"同时，他用力向左转身，摔倒，手脚并用地爬走了。他爬行的速度很快，实验人员好不容易才让他停下，否则他就要摔下桌子去了。"实验成功了。"这是一个完全符合理论假设，且具备充足说服力的条件性恐惧案例。"

1周后，艾伯特对兔子、狗和豹皮大衣也表现出了恐惧。他对老鼠的恐惧似乎已经泛化到了其他毛茸茸的东西上。后来，实验很快就结束了，因为婴儿的母亲离开了医院。

沃森坚持认为，恐惧就像人类的许多其他特征一样，并非与生俱来，而是后天习得的。"如果给我一些身体健康、发育良好的婴儿，让我在一个独立的环境里养育他们，"他在1930年说，"不论孩子的天赋、嗜好、倾向、能力如何，也不论他的祖先是什么种族、从事什么职业，我敢保证能把他们培养成我希望的任何模样——医生、律师、艺术家、商人、领导人，甚至乞丐和小偷。"沃森提出的行为主义理论成了继优生学（强调遗传对人类心理的重要影响）和弗洛伊德主义（强调被压抑的性欲的重要作用）之后的又一重要流派。沃森曾打趣道，如果艾伯特·B.在长大后接受精神分析，治疗师会想办法解释他害怕豹皮大衣的原因，然后"引导他说出一个以前做过的梦，从那个梦分析得出艾伯特3岁时曾想玩弄母亲的阴毛，结果被狠狠骂了一顿的结论"。

后来沃森和雷纳表示，他们的实验不会对艾伯特造成影响，因为艾伯特在实验里受到的刺激和普通婴儿在日常生活中可能经历的相差无几。他们还说，如果有机会，他们会在后续实验中尝试消除艾伯特的恐惧。至于具体方法，他们的计划是在艾伯特接触老鼠的同时喂给他甜食，或是刺激他的性敏感区来改变他对白鼠的反应："我们会从嘴唇开始，然后是乳头，最后是性器官。"这对小艾伯特来说或许是不幸中的万幸：虽然科学家们让他受了惊吓，但起码没有性虐待他。

2014年，有人推测当年的艾伯特·B.就是艾伯特·巴杰（Albert Barger），一位曾在约翰霍普金斯大学工作的年轻女子的私生子。他的侄女告诉记者，艾伯特在2007年已经去世，他本人对当年的实验毫不知情。他似乎过得不错，侄女回忆道，但他不喜欢动物。每次他到家里做客，侄女都会把狗锁起来，不让艾伯特看到它们。

另见：恐猫症　恐犬症　恐鼠症　声音恐惧症　羽毛恐惧症　动物恐惧症

漫游癖　Dromomania

强迫性游荡即漫游癖（dromomania）——来自希腊语"dromos"，意思是"跑步"——由法国医生艾蒂安·雷吉斯（Etienne Regis）于1902年命名。这一病症也被称为病态旅行、旅行癖和流浪生活，在19世纪的最后10年，这种狂热曾一度在法国流行。它可能表现为移动失忆症或解离型神游等无意识状态，有时——在最无害的情况下——也可能表现为漫无目的地在街上游荡，也就是法国人所说的"漫游者"。

在18世纪和19世纪的大部分时间里，长距离步行都被认为是一种成就——在1809年的英国，"著名步行者"罗伯特·巴克利（Robert Barclay）上尉因为连续行走1000小时，步行总长达约1600千米而获得了1000英镑的奖金——还有许多艺术家和哲学家都是散步的忠实爱好者。"走路有种神奇的力量，能激活我的思绪，"让-雅克·卢梭（Jean-Jacques Rousseau）[1]在《忏悔录》（*Confessions*，1789）中写道，"我在静止状态下几乎无法思考，要动脑，我的身体也必须得动起来。"弗里德里希·威廉·尼采（Friedrich Wilhelm Nietzsche）[2]在写作《漫游者和

---

[1]　让-雅克·卢梭（1712—1778），法国18世纪启蒙思想家、哲学家、教育家、文学家，启蒙运动代表人物之一。主要著作有《社会契约论》《忏悔录》等。——译者注

[2]　弗里德里希·威廉·尼采（1844—1900），出生于普鲁士，哲学家、语文学家、文化评论家、诗人、作曲家、思想家。主要著作有《权力意志》《悲剧的诞生》等。——译者注

他的影子》(*The Wanderer and His Shadow*, 1880) 期间，每天都走 8 小时。"尽量少坐，"他建议读者，"不要相信任何在室内或静止状态下产生的想法——那些诞生过程中没有肌肉参与的想法。所有的偏见都来自封闭。"这些作家都选择了走路，把它作为与自然、与自己交流的方式。但到了 19 世纪 90 年代，不停走路似乎变成了一种流行病，逐渐蔓延开来。

让-阿尔贝·达达斯（Jean-Albert Dadas）是法国波尔多市的一名煤气设备安装工，也是第一个著名的漫游癖患者。伊恩·哈金（Ian Hacking）在《疯狂旅行者》(*Mad Travelers*, 1998) 中描述，1868 年，8 岁的达达斯从树上跌落，摔伤了头部；4 年后，他第一次出现了漫游症状。当时，达达斯正在一间煤气工厂当学徒，有一天，他突然消失了。后来，人们发现他在邻镇给一个旅行雨伞销售员当助手，但他本人似乎不知道自己是怎么到那儿去的。达达斯说，类似的情况已经发生过多次，他会突然陷入神游状态，然后在一个很远的地方醒来，而他一点也想不起来发生了什么。他曾在巴黎的长椅、普罗旺斯的田野中"苏醒过来"，还有一次回过神来后，他发现自己正在阿尔及利亚刷洗锅具。1881 年，在军队服役的他在蒙斯当了逃兵，他步行到柏林，再到莫斯科，在那里被捕后，又被驱逐到了君士坦丁堡。1886 年，他回到波尔多，开始接受年轻的神经病学家菲利普·蒂西耶（Philippe Tissié）的治疗，不过，医生对达达斯"冒险之旅"的记述似乎进一步推动了漫游癖的流行。在此后的 20 年间，又有不少案例被发现，不过，其中一些只是好心的军医想为逃兵寻找"免死金牌"。

1906 年，精神病学家皮埃尔·让内记录了一位 51 岁男性漫游癖患者"H"的病情，他无法压抑行走的冲动，从巴黎出发，一口气步行 225 千米到达了里尔。在踏上这次史诗级的旅程之前，H 表示："我感到暗涌的悲伤、致命的沉闷和莫名的恐惧……所有的一切都压迫着我，让我不安。好像什么都平淡无奇，整个世界一文不值，而置身其中的我更是无足轻重。我觉得自己必须得动起来，把自己叫醒。"为了不让自己出门，他甚至把家门从内侧反锁，把钥匙扔出了窗外。但最后，强烈的渴望还是压倒了他。"没等我反应过来，我已经在门外了，"他说，"我只知道等我回过神来的时候，我已经走在路上了。"

让内还接诊了一位症状相似的年轻女性，她曾多次从疗养院"越狱"出逃。"她一定要运动，"让内写道，"走路更是必需的，她每天要在公路上走四五十千米，没有一天例外。"如果不在公路上数够 46 个相互间距 1 千米的里程碑，她绝不休息。"有时，她会跟在马车旁边，"让内继续写道，"但她从不上车，马儿小跑，她就跟着马儿快跑。""这种走路狂热，"让内说，"看似奇怪，但实际上比我们想象得更加普遍。在巴黎，甚至有人在自家院子里用水泥铺路，不能在公路上数里程碑的时候，他们就用这段路代替。"

一些人认为，行走的欲望是古老冲动的复苏，是重回农耕时代以前的游牧生活的"返祖现象"。女性患者的病情似乎更加严重,因为她们可能因此彻底脱离家庭生活。"我无法控制自己,"夏洛特·勃朗蒂(Charlotte Brontë)在《简·爱》(*Jane Eyre*, 1847)中写道,"不安是我的天性,它煽动着我,让我痛苦不堪。"

或许只有将家庭生活理想化的社会才会把漫游的冲动视为疾病。第一次世界大战期间,女人在工厂辛勤工作,男人在前线保家卫国,那段时间,漫游癖似乎消失了。现在,人们又重新爱上了走路——2020年新冠肺炎疫情暴发期间,99岁的老兵汤姆·穆尔上校(Tom Moore)在百岁生日到来之际绕着自家花园走了100圈,并以此为英国国家医疗服务体系(NHS)筹得了3000万英镑的善款,还获封了骑士头衔。

另见:偏执狂

自大狂 Egomania

英国评论家威廉·悉尼·沃克（William Sidney Walker）在1825年的一封书信中首次使用了"自大狂"（egomania）一词，表示"过度地以自我为中心"。在拉丁语和古希腊语中，"ego"即"自我"。1895年，马克斯·诺尔道（Max Nordau）的《堕落》（*Degeneration*）正式出版，这本书把"自大狂"带入了英国人的日常生活。诺尔道谴责当时的先锋艺术家和作家是"自大狂"——他们过分关注自己，以至于到了痴狂的地步。诺尔道表示，自大狂不是认为自己比别人都好，而是"根本看不见周围的世界，其他人对他们来说压根不存在……全世界只有他们自己，或者说，他们自己就是全世界"。

另见：书写癖 夸大狂

呕吐恐惧症 Emetophobia

呕吐恐惧症（emetophobia），即对呕吐有着强烈而持续的恐惧（"emeo"在希腊语中是"呕吐"的意思）。受这一病症折磨的患者既害怕呕吐的失控场面，也害怕呕吐让自己和他人感到恶心。他们极力避免一切可能会导致呕吐的情形：和小孩、醉鬼、病人待在一起，参加派对，去医院，怀孕，出国，喝酒，吃药，乘船、飞机、火车，还包括坐过山车。

呕吐恐惧症，也称呕吐特定恐惧症（SPOV），该病的女性发病率远高于男性——比例大约为5:1——而且大量案例未被确诊，因为呕吐恐惧也可能是饮食失调、强迫症、健康焦虑的表现。呕吐恐惧症患者可能因为害怕呕吐而感到恶心。他们不顾一切地想要避免呕吐，担心吐出来会让自己难堪——他们不愿让自己觉得恶心，更不愿让别人觉得恶心。对这些患者来说，想吐的感觉就像是有人翻出了他们的"里子"，把他们的五脏六腑全部掏空，让它们暴露在外。

2018年，研究人员对为数不多的相关研究进行了综合分析，结果发现，80%的呕吐恐惧症患者会不受控制地想象与呕吐相关的画面，其中又有31%的患者会不时想起曾经的呕吐经历。至于恐惧呕吐的原因，五分之四的患者表示他们害怕反胃的感觉，超过一半的患者害怕感染和疾病，三分之一的患者害怕心脏病发作、惊恐发作、窒息和羞耻感，超过三分之二的患者害怕呕吐的场景、声音和气味，还有二十分之一的患者害怕呕吐时嘴里的味道。

与其他人相比，呕吐恐惧症患者往往对恶心更加敏感。他们高度警惕肠胃变化，也常把身体感受误读为危险信号。许多患者几乎天天都觉得恶心。他们不愿在外就餐（尤其自助餐和沙拉），对一些特定食物尤为小心（比如贝类、鸡蛋、外国菜）。为了避免呕吐，他们可能会反复检查食品的保质期、清洗食物，并严格控制饮食。

在 2013 年的一项调查中，英国的研究人员分析了呕吐恐惧症患者关于呕吐的记忆。一些人清楚地记得他人的负面反应，比如生气、嘲讽或厌恶："我爸爸生气了，冲我大喊大叫""我姐姐和其他孩子一起嘲笑我""我的亲戚都吓傻了"。一些患者在呕吐时感到非常害怕："我吐完就崩溃了""我觉得自己快死了"。还有一些患者把呕吐和别的痛苦经历联系在一起："我听到十几岁的弟弟得了癌症，难过极了""祖母带我去父亲的公司，我看到那里的窗户破了——前一天夜里有人扔汽油炸弹，砸碎了窗户，但没有爆炸"。许多患者见过别人呕吐的模样——87% 的呕吐恐惧症患者有相关记忆，而控制组的这一比例仅为 23%。不过，这些记忆与呕吐恐惧症之间是否存在因果关系还有待进一步证实。

呕吐恐惧症很难治愈。让患者循序渐进地接触恐惧的画面和情境可能会有所帮助，但据 2001 年的一项调查显示，只有 6% 的患者愿意接受那样的治疗。2012 年，阿姆斯特丹大学的阿德·德容（Ad de Jongh）记录了一位名叫黛比（Debbie）的女性患者的案例，这名患者接受过 4 次 EMDR（Eye Movement Desensitisation and Reprocessing，眼动脱敏和再处理）治疗——这一疗法在 1987 年之后被广泛用于创伤后应激障碍的治疗。在治疗时，医生会让患者回忆痛苦的经历，同时引导患者把注意力集中在外部的双侧声响或影像上，比如医生前后摇动的手指。这一疗法的原理是通过其他刺激分散患者的注意力，挤占其认知空间，让痛苦的记忆不再那么鲜活、震撼。在记忆重新定型后，它们会丧失一定"威力"，甚至被重塑。

黛比是一名荷兰公司的普通职员，46岁，从记事起就害怕呕吐。为此，她从来不去医院，不看电视剧，不出门旅行，还有许多事都不做。"她安于一方小小的世界。"德容写道。

当德容询问黛比关于呕吐的记忆时，黛比回忆起幼儿园的一个同学曾经吐在了桌上。德容让她在回忆的同时进行 EMDR 练习。黛比戴上耳机，一边描述幼儿园那张桌子的惨状，一边让注意力紧紧追随左右变换的鼓点。"黛比的头脑中突然涌出了一股强烈的思绪，"德容写道，"她突然哭了出来，因为她意识到由于儿时的胆小，她错过了太多乐趣。"

敲击声又持续了一段时间，黛比说，记忆中那张满是呕吐物的桌子开始有了变化："从小而具体变得更加宽泛了。"又过了一阵子，黛比看起来更平静了，她说："总是出现在我脑海中的画面似乎在一点点消失。"她回忆起了教室里的其他场景，就像镜头慢慢远离那张桌子：她记起了一组罐子，儿时的她喜欢用胶水灌满它们；她还记起了老师甜美的笑容。然后，她又想起一件事。一天晚上，黛比在家照看弟弟，弟弟突然在厨房里吐了。父亲回了家，但打扫干净后就马上离开了。黛比觉得自己被抛弃了。"没人看到我的恐惧，"她说，"没人听到我、看到我，好像我根本就不在那儿。"

在之后3个疗程中，黛比想起了更多与呕吐相关的负面经历，而EMDR疗法似乎对这些记忆都起了作用。在最后一次治疗中，黛比告诉德容自己的恐惧正在消退：她已经可以忍受丈夫干呕的声音，还准备坐车去长途旅行，这在不久以前还是她想都不敢想的事。她还说，自己在办公室也更敢发声了。说出恐惧的记忆似乎增强了她的自信。至此，治疗告一段落。

3年后，德容给黛比发去了一封邮件，询问她的近况。"我还不能完全自如地面对别人呕吐的场景，"黛比回复道，"但极度的恐慌再也没有出现过了。"她告诉德容自己换了工作，新的工作地点是一间殡仪馆，因为工作需要，她经常清洗尸体。"有的尸体已经放了很久，"她说，"还会从嘴里流出一些东西。"她没有勇气说出"呕吐物"一词，但她已经可以处理从尸体嘴里流出来的东西了。"我自己都觉得惊讶！"显然，黛比对自己的进步还算满意。

另见：恐飞症　广场恐惧症　不洁恐惧症　气味恐惧症　窒息恐惧症　生育恐惧症

昆虫恐惧症　Entomophobia

萨尔瓦多·达利患有严重的昆虫恐惧症（entomophobia 来自希腊语"entoma"，意思是"昆虫"）。他曾说，有的虫子比死亡更可怕。"假如我站在悬崖边上，"达利在1942年表示，"一只大蚱蜢突然朝我的脸上飞来，我宁愿从悬崖上跳下去，也不愿碰到那可怕的'东西'。"电影明星斯嘉丽·约翰逊（Scarlett Johansson）[1]在2008年与记者分享了一段儿时的回忆：有一天，她一觉醒来，发现一只蟑螂从脸上爬过，自那以后，她就一直害怕蟑螂。达利也认为自己的恐惧和儿时的经历有关。据他回忆，在他还是个孩子的时候，一只蚱蜢爬到了他的衣领里，而他的表妹就这么把蚱蜢打死了："它被'开膛破肚'，流出了恶心的黏液，它残破的身体还在我的领子和脖子之间不停扑腾，它长着刺的腿不停地摩擦我的脖子。"

英国医生米莱·屈尔潘（Millais Culpin）认为，人们对昆虫的厌恶属于条件性恐惧，根源是不愉快的经历。在其1922年发表于《柳叶刀》的文章中，屈尔潘讲述了他接诊的一位老兵的病情。那位老兵曾获得过杰出行为奖章，第一次世界大战期间，他突然对苍蝇和蜜蜂产生了恐惧。当老兵来到咨询室，屈尔潘说："我故意关上了窗户，把一只蜜蜂困在房间里。蜜蜂不停地

---

[1] 斯嘉丽·约翰逊（1984—），美国女演员、歌手，代表作包括《迷失东京》《复仇者联盟》等。——译者注

撞击玻璃,想飞出去,把这位征战沙场的老兵、杰出行为奖章的获得者吓得缩在椅子里,冷汗直流。他的样子实在可怜,于是我赶紧开窗,向他坦白他的恐惧远远超出了我的预期,这才使得他平静下来。"屈尔潘认为这名男子对蜜蜂的恐惧源于他压抑的记忆——德国战机在西部前线的战壕上空盘旋,发出低沉的轰鸣。

我们也可以从进化的角度去理解昆虫恐惧:蛆和腐烂密切相关;蟑螂和蜱虫携带病菌;蛞蝓和蠕虫让人想到苔藓和粪便等黏糊糊的脏东西。我们回避这些生物,是想要远离被感染、有毒、腐坏的东西。面对讨厌的昆虫,我们会不由自主地缩起上唇、锁紧眉头、皱起鼻子、伸出舌头——这是典型的厌恶反应,属于"行为免疫系统"的一种功能,能够帮助预防病原体进入人体。对极易产生厌恶情绪的患者来说,即便是那些对健康不构成明显威胁的昆虫,比如甲虫和蟋蟀,也会引起他们对感染的恐慌。

匈牙利哲学家奥雷尔·科尔奈(Aurel Kolnai)指出,昆虫恐惧的部分根源在于存在恐惧。他在《论厌恶》(*On Disgust*, 1929)中写道,成群的昆虫释放着"躁动、紧张、蠕动、抽搐的活力",那是一种"无意识、无形状的涌动",它们"永不停歇、漫无目的地萌动、繁殖"。科尔奈说:"我们厌恶昆虫无脑的繁殖,它们的孕育意味着死亡,它们脉搏的跳动接续着再生和腐坏。我们害怕昆虫入侵身体,也害怕它们混淆人类与自然的边界,让我们不得不面对自身的粗劣和局限。2006年,环境学者米克·史密斯和乔伊斯·戴维森(Joyce Davidson)也提出了类似的观点,他们认为人类厌恶昆虫"不是因为它们会造成什么实质性的威胁（进化自然主义），也不是因为它们与人体的排泄物有关（精神分析自然主义），而是因为昆虫象征着自然界正在入侵人类社会的象征秩序，而这正是我们现代社会和自我认同的基石"。

史密斯和戴维森认为，社会的恐惧对象显示了其成员的共同需求和噩梦。他们指出，人类恐惧的或许是那些让我们怀疑自己究竟能否控制和商品化自然的生物："这份恐惧可以帮助我们看清现代社会文化逻辑中的重大谬误，即现代社会与自然的关系——我们自以为能够压制、超越自然，但自然却以无数不可控的方式寻求着回归。"根据这一分析，昆虫恐惧症体现了人类对自己与自然相处模式的不安。

有评论家认为，人在潜意识里受讨厌的东西吸引。科尔奈说，我们之所以讨厌某种东西，是因为我们"内心深处潜藏着与之结合的欲望"。屈尔潘相信"害怕与欲望，恐惧与迷恋，就像同一枚硬币的正反面"。昆虫学家杰弗里·A.洛克伍德（Jeffrey A. Lockwood）指出，恐惧的生理反应——沉重的呼吸、急促的脉搏——和性唤起的反应十分相似，甚至有人坦言在前戏中加入蚂蚁和蜘蛛会让他们更加兴奋。

威廉·伊恩·米勒（William Ian Miller）在《解剖厌恶》（*The Anatomy of Disgust*, 1997）中写道，厌恶的背后是我们"无意识的欲望、不愿承认的喜好和隐秘的好奇心"。他指出，厌恶感和感官体验密切相关："它联系着我们的触觉、视觉、味觉、嗅觉，甚至听觉。"引起我们反感的可能是蟑螂的窸窣声、蛞蝓的吱吱声、蚂蚁爬过的瘙痒感和飞蛾翅膀的轻拂。

2002年，美国司法部授权中央情报局在阿布·祖拜达（Abu Zubaydah）的审讯中使用了昆虫。这名出生于沙特阿拉伯的巴勒斯坦人严重恐惧昆虫。在先前的审讯中，他拒绝回答一切有关基地组织的问题。在泰国、波兰和立陶宛的秘密基地，中央情报局对祖拜达使用了"强化审讯技术"，包括水刑、睡眠剥夺、殴打、噪声攻击、极寒极热和昆虫折磨。他们把祖拜达关进棺材般狭小的"禁闭箱"里，然后放进一只毛毛虫，接着，又放进一群蟑螂。审讯人员想用这些虫子攻破祖拜达的心理防线，逼他说出秘密，但这些方法是否有效仍是众说纷纭。2005年，中央情报局销毁了全部录像资料。尽管祖拜达从未被正式起诉，但他在2006年被转送关塔那摩监狱，并一直关押至今。

另见：恐虫症 蜘蛛恐惧症 密集恐惧症 动物恐惧症

工作恐惧症　Ergophobia

1905年，斯塔福德郡的外科医生威廉·邓尼特·斯潘顿（William Dunnett Spanton）在《英国医学期刊》（*British*

Medical Journal）上发表的文章首次将工作恐惧症（Ergophobia，来自希腊语"ergon"，即"工作"）定义为一种疾病。斯潘顿将这种疾病的快速传播归咎于1897年通过的《工人赔偿法案》。法案要求雇主在工人因工负伤、停工休息期间继续支付工资。斯潘顿写道，工作恐惧症患者最喜欢抽烟、看足球赛、在外游荡到深夜，哪怕是一点小伤，比如断了根手指，他们都要休息几周。媒体十分懂得斯潘顿的心思——《巴尔的摩太阳报》（*Baltimore Sun*）评论道，工作恐惧症不过是"给懒惰起的新名字"；伦敦《旁观者报》（*The Bystander*）在同年6月刊登了一首小诗：

> 早晨醒来，你仍感疲惫，
> 你不想起床，
> 敲门声令人厌烦，
> 你实在睁不开眼……
>
> 你什么都不想干，
> 只想平躺在床上，
> 如果你有这些"症状"，
> 那么，你病了，
> 你患上了工作恐惧症。

另见：施舍狂　铁道恐惧症

被爱妄想症　Erotomania

被爱妄想症（Erotomania，来自希腊语"eros"，即"热烈的爱"）最初指爱而不得的绝望；到了18世纪，它指向了过于旺盛的性欲；而现在，它指的是一个人坚信自己为他人所爱的错觉，也称德·克莱朗博综合征（de Clérambault's Syndrome）。1921年，法国精神病学家盖廷·德·克莱朗博（Gatian de Clérambault）记述了莱娅-安娜·B（Léa-Anna B）这一案例，这位53岁的巴黎女帽商坚信乔治五世（George V）爱上了她。每次前往伦敦，她都要在白金汉宫门外站几个小时，等待国王拉动窗帘，给她传递秘密信息。

克莱朗博解释道，被爱妄想的初期往往是疯狂的迷恋，然后慢慢转为失望和怨恨。他指出，这一病症共有3个阶段——希望、烦恼、怨恨。被爱妄想在女性身上更加常见，但在男性身上更容易发展成暴力犯罪，他们攻击的对象大都是幻想的情人或情敌。因此，男性患者更容易引起精神病医生和警察的注意，他们的言行也更多地被记录了下来。

1838年，让-艾蒂安·埃斯基罗尔见到了一位得了这种"幻想症"的病人。那是一名36岁的男性，个子不高，一头黑发，是法国南部的一名普通公司职员。在一次巴黎之行中，他疯狂地爱上了一名女演员。不论日晒雨淋，他不是守在女演员的家门口，就是在剧场外徘徊。只要女演员一坐上马车，他就悄悄尾随其后,甚至有一次,他爬到了马车顶上,想透过窗户看女演员一眼。女演员的丈夫和朋友都极力劝说他——"他们斥责这个可怜的男人,"埃斯基罗尔写道,"推搡他、辱骂他、虐待他。"但他依然我行我素,认为是那些人阻碍了女演员表达对他的爱意。"每当他的热恋对象登台演出,"埃斯基罗尔说,"他一定会到场,坐在舞台对面第 4 排的座位上。当女演员登上舞台,他就挥舞白手帕吸引她的注意。"这名职员说,每次他这样做,女演员都会看向他,羞红着脸,眼睛闪闪发亮。

在一次与女演员的丈夫爆发暴力冲突后,这名职员被送进了精神病院。埃斯基罗尔在那里见到了他,而且发现他对多数事情都很理性。他试着提到了那名女演员。"你怎么能确定她爱你呢?"埃斯基罗尔问道,"你没有什么特殊的魅力,对演员来说更是如此。你既不帅气,也没有地位和财富。"

"你说得没错,"职员回答,"但爱是没有道理的,我的所见所闻足以证明她是爱我的。"

19 世纪 50 年代,新英格兰的一场离婚官司涉及了一名女性被爱妄想症患者。1858 年夏天,富有的工程师亨利·鲁滨孙(Henry Robinson)提请法院解除与妻子伊莎贝拉(Isabella)的婚姻关系。他把妻子的日记交给了法庭,作为其与著名医生爱德华·莱恩(Edward Lane)有染的证据。鲁滨孙夫人的律师团队表示,他们的当事人患有被爱妄想症:她的日记都是虚构的,她与莱恩医生的关系都是她的幻想。后来,伊莎贝拉·鲁滨孙赢得了诉讼，但她的私人信件让人有理由怀疑她这样做只是为了挽救那名年轻医生的声誉。她假装自己得了被爱妄想症，以此来保护自己的情人。

被爱妄想症也可能发展得非常极端。2020年，葡萄牙的几位精神病学家记录了X先生的案例。X先生51岁，和寡居的母亲生活在葡萄牙南部的一个小村庄里。X先生坚定地认为A夫人爱上了自己——A夫人已婚，经常和他光顾同一间咖啡店。据X先生说，A夫人会给他释放信号，含情脉脉地看着他。后来，他开始跟踪A夫人，对方不堪其扰，动手打了他。对此，X先生的解读是咖啡店老板B夫人也爱上了他，出于嫉妒，B夫人在A夫人面前说了他的坏话。同时，他还很生A夫人的气，因为她轻信了别人的谎言，而且没有勇气为他离婚。

不久后，X先生的母亲病了，住进了养老院，而他也有了"新欢"——咖啡店的另一位常客C夫人，他相信这位女士不仅爱上了自己，还让她的朋友故意撮合他们。他邀请C夫人出门约会，但遭到了拒绝。面对这一情况，他认为是C夫人已婚，不好意思承认对自己的感情。他开始跟踪C夫人，甚至指责她用巫术剥夺了他的睡眠、缩小了他的生殖器。他用刀指着C夫人，命令她解除咒语。C夫人报了警，X先生被送进了精神病院，并被要求服用安定药物。一段时间后，他的被害妄想有所缓解，但依然相信3名女性都爱着他，并且补充强调，他的心依然属于A夫人。

被爱妄想症患者生活在自己的幻想世界里。在伊恩·麦克尤恩（Ian McEwan）的小说《爱无可忍》（*Enduring Love*，1997）中，以反英雄形象出现的男主角深信另一个男人爱上了自己。他永远能从对方身上读出隐藏的信息。"他把内心世界投射到了外部世界，"麦克尤恩写道，"受私欲驱使……他用自己的感受支撑起了整个世界，他心中的每一丝波澜都能在这个世界得到证实。"

另见：自大狂　夸大狂　偏执狂　慕男狂

脸红恐惧症　Erythrophobia

"脸红恐惧症"（erythrophobia）一词诞生于19世纪后期，最初是指人们对红色物体的病态厌恶（"erythros"在希腊语中是"红色"的意思）。医生发现，许多接受过白内障手术的病人都有这样的表现。到20世纪初，这一术语更多是指人们对脸红的病态恐惧——患者非常害怕自己会"变红"。

脸红恐惧症是一种"自我实现病症"，它所引起的生理反应恰恰是患者所恐惧的。患者会因为快要脸红的感觉而脸红：当皮肤开始发烫，他们的局促感越来越强，体温持续升高，燥热感向全身蔓延。这一病症可能让人心力交瘁。1846年，德国医生约翰·路德维希·卡斯珀(Johann Ludwig Casper)记录了一位年轻患者的案例,这个年轻人从13岁起就害怕脸红,21岁时,他的脸红恐惧已经发展到了连最好的朋友都不敢面对的地步。也就在那一年,他结束了自己的生命。

不论是被人钦佩、嘲笑,还是谴责,他人的关注总会让人脸红。如果被人指出脸红的事实,脸红的人会更加感到皮肤像着火了一般。红晕会在血管靠近皮肤的区域快速传开——脸颊、前额、耳朵、颈部和胸部上方。由于脸红在皮肤白皙的人身上表现得更加明显,他们便更有可能患上脸红恐惧症。

"脸红是最奇特,也最能体现人性的情感表达,"查尔斯·达尔文在1872年写道,"让人脸红的是害羞、羞耻、谦逊等自我关注的基本要素……这不仅是我们对自己外貌的看法,更是我们对他人是如何看待自己的猜测。"小说中,泛红的肌肤总能透露人物隐藏的情感。文学随笔作家马克·阿克塞尔罗德(Mark Axelrod)仔细阅读了列夫·尼古拉耶维奇·托尔斯泰[1] 1878年的小说《安娜·卡列尼娜》,并数出小说中共出现过66次对脸红的描写。安娜总是在听到心爱的渥伦斯基(Vronsky)的名字时脸红;当她和好友凯蒂(Kitty)交谈时,她们先后脸红了,仿佛是在表达其顺从、尴尬、谦虚和愉悦。当别人称赞富有的地主康斯坦丁·莱文(Konstantin Levin)的新西装时,他脸红了,

---

[1] 列夫·尼古拉耶维奇·托尔斯泰,俄国批判现实主义作家、政治思想家、哲学家,代表作有《战争与和平》《安娜·卡列尼娜》《复活》等。——译者注

"不像那些意识不到自己脸红了的成年人,他更像个孩子——他觉得脸红是件可笑的事,他感到羞耻极了,然后脸更红了,几乎要哭出来"。他因为脸红而脸红。

"害怕脸红,"精神病学家皮埃尔·让内在1921年说道,"就像害怕被人看到身体的畸形或可笑的一面一样,都是病态的胆怯,是对展现自己、与人交谈、接受社会评判等'义务'的恐惧。"有时,我们也会在独处,或心中的想法被他人无意中提到的时候脸红,比如有人说出了你所暗恋之人的名字。脸红的含义可能是害怕被暴露,也可能像弗洛伊德学派心理学家认为的那样,是渴望被暴露。"脸红,"奥地利裔美国精神分析学家埃德蒙·贝格勒(Edmund Bergler)在1944年写道,"让脸红恐惧症患者尤其引人注目。"贝格勒认为,这些患者渴望被人关注的愿望被压抑住了,只能通过脸红的无意识反应表现出来。

生物学家对脸红的进化目的感到困惑。有人推测,这一无法伪装且不受控制的生理反应能满足社交需求:它说明一个人有羞耻感,希望得到群体的认可,因此,脸红存在的目的是防止被欺骗、建立信任。格兰维尔·斯坦利·霍尔在1914年表示,所有的脸红都源于恐惧。"脸红的最常见原因,"他说,"似乎是别人对自己看法的突然转变,不管这是事实还是自己多虑。比如突然得到直白的夸赞,或是自觉某个秘密就要暴露,担心遭到他人的谴责或批评。"据他观察,女性脸红的次数要远多于男性,而且男性的关注很可能是女性脸红的原因。"长久以来,女性一直认为男性的凝视是攻击的前兆，"他补充道，"因为夸赞而脸红也可能是因为欣赏的背后或许暗含着更大的危险。"

许多脸红恐惧症患者同时患有社交恐惧症。他们有的因为病态的害羞而脸红，有的因为脸红而害怕社交。智利精神病学家恩里克·哈德雷西克（Enrique Jadresic）坚信他的脸红是由于生理因素导致的：经常脸红的人交感神经过于活跃，这会导致他们的面部和胸前动不动就变红。哈德雷西克是一名大学教授，他总在偶遇同事或学生的时候脸红，这让他感到非常不安。"樱桃又熟了，医生。"和他在同一部门的一位女同事曾这样调侃道。

哈德雷西克总在尽力避免可能会脸红的情况，这让他精疲力竭。他用过许多方法对付脸红，既有心理治疗，又有药物治疗，但最后还是决定手术切除控制脸红和出汗的神经。这根神经从肚脐一直延伸到颈部，可以从腋窝处开刀将它切断。许多做过这种手术的病人后来都出现了胸痛和上背部疼痛的情况，身体其他部位的代偿性出汗也有明显增加。虽然部分副作用也出现在了哈德雷西克身上，但他还是因为不用再担心脸红而感到由衷喜悦。

不过，2001 年刊登于《异常心理学》（*Journal of Abnormal Psychology*）的一篇实验报告称，害怕脸红的人和普通人的脸红反应似乎相差无几。研究人员共招募了 15 名害怕脸红的社交恐惧症患者和 15 名不害怕脸红的社交恐惧症患者，还有 14 名不恐惧社交的普通人。第一组实验对象中有一名女律师，她因为经常在法庭上脸红而放弃了这份工作。研究人员让这些实验对象完成了一系列任务，包括观看尴尬的视频（内容是他们自己在唱儿歌）、和陌生人交谈5分钟、在众人面前即兴演讲。同时，研究人员用红外线探测仪检测了他们的脸红程度，用心电图测量仪记录了他们的心率。

令研究人员感到惊讶的是，与单纯恐惧社交和不恐惧社交的控制组相比，脸红恐惧症患者的脸红反应并没有更严重。例如在与陌生人对话时，不恐惧社交的实验对象也会脸红，但他们没有向实验人员报告这一点，因为他们没有意识到自己脸红了。不过，脸红恐惧症患者在完成各项任务时的心率的确高于其他两组。研究人员猜测，能意识到自己心跳加速的社交恐惧症患者或许也能更敏锐地察觉到身体的其他变化，尤其他们认为会被别人发现的变化——比如脸红和出汗。他们太过担心自己的紧张会被人发现，以至于心跳一加速，他们就认为自己的皮肤变红了。

另见：广场恐惧症　被笑恐惧症　演讲恐惧症　公厕恐惧症　社交恐惧症

海草恐惧症　Fykiaphobia

1970年,美国精神病学家查尔斯·A·萨尔诺夫(Charles A. Sarnoff)见到了一个名叫简的女孩,她非常害怕海草——这一表现也被称为海草恐惧症(fykiaphobia),来自希腊语"phykos"。

在简表现出对海草的恐惧之前,她已经出现了和母亲的分离焦虑:她总在半夜哭闹,如果是保姆在照看她,她会感到非常惊慌。一天下午,全家人都聚在祖母的海边小屋,简突然对海里那些"绿色的东西"表现出不安,闹着要父亲把她抱起来。

第二天在海边,简再次被海草吓了一跳,她问妈妈:"那是什么?"妈妈指着那些滑溜溜、打着卷的东西说:"那是海草。"说着,妈妈捡起了一片:"它就像菠菜,也像莴苣、杂草。"

简被吓得发抖,求妈妈赶紧带她离开海边。当天晚些时候,她在奶奶家花园里的戏水池里玩,当她看到池里的杂草时,就立刻开始尖叫、呼救。

那天晚上,简的父母外出就餐,简醒了好几次,歇斯底里地哭喊、蹬腿。奶奶赶忙安抚她,她告诉奶奶,她想从水里出来,远离那些绿色的东西。

简的父母带她找到了萨尔诺夫。女孩一边发抖,一边哭着对萨尔诺夫说:"我害怕海草。"

"你害怕它什么呢?"萨尔诺夫问,"你害怕它会伤害你吗?"

"不,"简回答,"我害怕它会伤害妈妈。"

萨尔诺夫知道,海草不可能真的伤害简的母亲,但简本人可能有这样的想法。于是他又问简,是否她就是海草。

"是的。"简回答。

"你会生妈妈的气吗?"

"会,在她离开我的时候。"

萨尔诺夫安慰简说这很正常,她可以把自己的感受告诉妈妈,妈妈一定不会生她的气。萨尔诺夫鼓励简的母亲和孩子谈论这个话题,不久后,简的父母告诉萨尔诺夫,女儿不再害怕海草了。

恐惧症在儿童中很常见,但大都不会持续很长时间。或许没有医生介入,简的恐惧症也会很快消失。但萨尔诺夫从女孩开始仅两天的海草恐惧症中找到了真正困扰她的东西,分析出了象征和恐惧在儿童成长过程中所起的作用。萨尔诺夫认为,简把对母亲的敌意投射到了海草上。恐惧的产生不一定意味着焦虑的加剧,相反,它表示简已经进入了能够象征性地表达负面情绪的阶段。她学会了将愤怒转移到外部事物上,而不是把情绪憋在心里。这是人类发展的必经阶段,萨尔诺夫指出:"象征是文化和文明的基础,也是精神病症的根基。"

萨尔诺夫特别提到了瑞士心理学家让·皮亚杰(Jean Piaget)[1],后者对儿童使用象征物的能力进行过跟踪研究:大约15个月时,婴儿会开始用一个物体代替另一个人或物——例

---

[1] 让·皮亚杰(1896—1980),瑞士心理学家,以儿童发展研究闻名。代表作包括《发生认识论导论》《生物学与认知》等。——译者注

如惩罚一个"淘气"的娃娃。2—4岁时,儿童会发展出使用二次象征的能力,在这一阶段,他们会无意识地将威胁性的想法和情感转移到外部事物上,隐藏焦虑的真实来源。不过,真实原因通常藏得不深,这也是为什么简能快速理解并接受萨尔诺夫对她的恐惧的解读。想要找到成年人恐惧的根源,则困难得多。

1972年,萨尔诺夫的同事奥托·列尼克(Otto Renik)提出了对简的海草恐惧症的不同解读。列尼克认为,害怕海草的是简,因此,海草可能伤害的对象也应该是简,而不是她的母亲。简把自己当成海草,把怒气放在了海草身上,但她也和海草划清了界限,好摆脱内疚的感觉。这表明人的恐惧对象同时承载着两种对立的情感:认同和拒绝,坦诚和否认,对不应有的情感的接纳和会因此而受罚的恐惧。不过,列尼克对萨尔诺夫简化问题的做法表示认同:有时候,不精确、不完整的解读反而对解决患者的问题特别有效。

另见:人偶恐惧症 海洋恐惧症

被笑恐惧症　Gelotophobia

被笑恐惧症（gelotophobia）——即害怕被人嘲笑，来自希腊语"gelōs"，意思是"笑"——是一种偏执、敏感的社交恐惧。这一病症最早由德国心理治疗师迈克尔·蒂策（Michael Titze）于1995年发现并命名。蒂策注意到，有不少病人经常感到有人在嘲笑自己，并因此备受煎熬。这些病人会把愉快的微笑看成轻蔑的冷笑，把友善的调侃当作无理的嘲讽。一听到别人的笑声，他们的面部肌肉就僵硬了，蒂策形容这种表情像"芬克斯那石化的面容"。一些病人觉得别人随时会嘲笑他们，连走路都变得僵硬、急促，好像木偶一样，于是蒂策将这种病症描述为"匹诺曹综合征"。他还发现，被笑恐惧症患者大都有被人欺负的经历，但不能确定是这些经历诱发了被笑恐惧，还是恐惧被笑的人把别人的玩笑当成欺凌。

蒂策的一名女性患者相信她的恐惧来自学生时代的经历。这名患者的母亲是东欧难民，烹饪时常用到大蒜，女孩经常因为身上的蒜味而被同学嘲笑。一个同学给她起了"大蒜小姐"的外号，其他同学也跟着一块儿起哄。"他们一看到我，就冲我龇牙咧嘴地笑，"这名患者说，"一边笑，一边用鄙夷的音调喊着'咦'。"不论校园内外，同学们都故意躲着她。"有的人会用帽子或书包把脸挡起来，"她说，"别人的笑脸让我感到恐慌。"她这样描述自己的身体反应："我因为羞耻而全身僵硬。"

自那时起，研究人员便开始从性格和环境两方面着手研究被笑恐惧症的发病率。苏黎世大学的维利巴尔德·鲁赫（Willibald Ruch）认为，被笑恐惧症在"等级森严，将羞耻感作为控制社会的主要手段的地方"最为常见。一项调查显示，80%的泰国答题者会对他人的笑产生怀疑，但芬兰答题者的这一比例不到10%。另一项研究发现，中国学生远比印度学生更害怕被人嘲笑。2009年，鲁赫在巴塞罗那国际幽默与笑声研讨会上指出，患被笑恐惧症最多的是英国人。"在欧洲范围内，英国位列榜首，"这位瑞士心理学家说道，"而且是绝对的第一。"

另见：脸红恐惧症　演讲恐惧症　公厕恐惧症　社交恐惧症

恐老症　Gerascophobia

恐老症（gerascophobia）——来自希腊语"gerasko"，意思是"变老"——既指对衰老的恐惧，又指对长大的恐惧。2014年，墨西哥的3位心理学家报告了一位患有恐老症的14岁男孩的案例。12岁时，男孩发现自己的身体出现了变化，他感到非常惊慌。为了"保持原样"，他减少了食量，佝偻着背隐藏真实身高，说话时细声细语、故意提高音调。他甚至在网上搜索，希望通过手术逆转青春期出现的变化。

男孩的父母把他带到了墨西哥北部蒙特雷的一间诊所,在那里,心理学家仔细询问了他的情况。男孩承认自己对长大的恐惧有点过火了,但他也表示成年的负担是他无法承受的:他无法想象自己寻找伴侣、搬出家里、四处求职的模样。"长大,"男孩说,"对我来说只是离疾病和死亡更近了一步。"他还告诉心理学家,他喜欢美国的一切,希望自己能像好莱坞电影明星一样。

心理学家注意到,男孩的母亲总是把他当作婴儿来对待(给他唱摇篮曲,替他梳头发),而父亲则对他非常严厉(为了纠正男孩的驼背,父亲曾要求他缠上纠正姿势的绷带,并用双手用力挤压他的脊柱)。心理学家建议男孩服用抗抑郁药物,每周接受2—3次心理治疗。此外,男孩的父母也被要求参加3个月的家庭治疗。

此后一年,心理学家和男孩反复讨论了他对成长的厌恶。他们得知男孩5岁时曾因分离焦虑接受治疗,11岁时在学校遭到欺凌。最重要的是,他们发现男孩在6岁时曾多次被一个16岁的邻居性侵,并认为被虐待的经历让他产生了对性成熟的恐惧。在心理学家帮助男孩寻找恐惧根源的过程中,男孩渐渐站直了,说话和吃饭也恢复了正常,对长大成人也没有那么焦虑了。

孩子不想长大,这是 J.M.巴里(J. M. Barrie)1904年的舞台剧《彼得·潘》(*Peter Pan*)或《不愿长大的男孩》(*The Boy Who Wouldn't Grow Up*)的主题,剧中的男孩彼得热情地邀请温迪和他一起到梦幻岛去。"跟我来吧,"他劝说温迪，"到了那儿之后，你就不用再为成年的事烦恼了。"奥斯卡·王尔德（Oscar Wilde）[1]的小说《道林·格雷的画像》（*The Picture of Dorian Gray*，1891）讲述了一个成年人恐惧衰老的故事，故事的主人公是一个年轻男性，他渴望像自己的油画画像一样不老不死。"我会变得衰老、可怕、糟糕，"道林悲叹道，"但画里的我将永远年轻，它的时间将永远停留在6月的这一天……要是反过来就好了！要是永远年轻的是我，逐渐变老的是画就好了！如果可以，如果可以，我愿意付出一切！"道林不仅害怕身体的衰老，更害怕承担成年人的道德责任。曾有一段时间，他真的和那幅画交换了命运。他沉湎酒色、胡作非为，但皮肤依然紧致，嘴唇依然柔软，双眸依然清澈；而画像中的那张脸则日渐松弛、枯萎、扭曲。

另见：毛发狂

---

[1] 奥斯卡·王尔德（1854—1900），19世纪英国最伟大的作家与艺术家之一，以剧作、诗歌、童话、小说闻名，唯美主义代表人物。——译者注

施舍狂　Giftomania

1897年1月,伦敦一位名叫埃莉斯·布朗(Elise Brown)的裁缝把牧师弗雷德里克·赫特林(Frederick Hetling)告上了法庭,要求其归还她放在教堂献金盘上的1英镑,那间基督教堂就在摄政公园附近的奥尔巴尼街上。她在布鲁姆斯伯里郡法庭上表示,自己没打算捐那么多,当时那样做,完全是一时精神错乱了。她特别提到,前不久,一个富有的美国游客在伦敦被告上了法庭,那人说自己之所以偷东西,是因为得了一种叫"偷窃癖"的病。

"我的病恰恰相反,"埃莉斯·布朗说,"我得的是施舍狂这种病。"

"你说什么?"法官语气尖锐地问。

"施舍狂。"布朗小姐又重复了一遍。

"胡说八道。"法官培根(Bacon)说完便驳回了她的上诉。

另见:偷窃癖

气球恐惧症　Globophobia

气球恐惧症（globophobia）（来自拉丁语"globus"，意思是"球"）是指对气球，尤其对气球爆炸声的厌恶。"那声音会让我想到枪响，"奥普拉·温弗里（Oprah Winfrey）[1]在2013年说，"或许过去的什么时候——甚至是童年时期——我确实经历过枪击，只要旁边有气球，我就特别害怕。"2017年，韩国影星苏志燮（So Ji-sub）向电视主持人坦言，他在气球旁边时总感觉"内脏要爆炸了"，就好像他的身体是一个装满了空气的袋子，稍一用力就会炸开。

另见：雷声恐惧症　声音恐惧症

演讲恐惧症　Glossophobia

对许多人来说，演讲是件可怕的事——这种恐惧也被称为演讲恐惧症（glossophobia，来自希腊语"glossa"，意思是"舌头"）——演讲恐惧可能让人出现听力强化（sharpened

---

[1] 奥普拉·温弗瑞（1954—），美国演员、制片人、主持人。——译者注

hearing）、心跳加速、血压升高、呼吸急促、颈背僵硬、皮肤潮红、瞳孔放大、出汗、发抖、口干等症状。患者会感到体内的血液时而奔涌，时而干涸。"一开始演讲，我就脸色惨白，"罗马演说家马库斯·图利乌斯·西塞罗（Marcus Tullius Cicero）写道，"我的四肢和灵魂都在颤抖。"

演讲恐惧十分常见，甚至超过蜘蛛恐惧和蛇恐惧。1973年的一项调查显示，将演讲勾选为恐惧对象的人比勾选死亡的还多。"这说明在普通人看来，"杰里·塞恩菲尔德（Jerry Seinfeld）说道，"他们参加葬礼的时候宁愿躺在棺材里也不愿致悼词。"

经验丰富的演员也可能恐惧演讲。约翰·拉尔（John Lahr）在《纽约客》（The New Yorker）发表文章，描述了自己"无可救药"的怯场反应："这对演员的表演工具——身体来说，是一种残酷而致命的打击。"他列举了一些怯场的例子，包括伊恩·霍尔姆（Ian Holm）的例子：1976年，他在参加《送冰人来了》（The Iceman Cometh）于奥德维奇举办的首映式时，突然惊恐异常，全身动弹不得，此后15年，他都没有再登台演出。"这种体验，"拉尔说，"以及随之而来的一系列生理反应——出汗、思维混乱、失语——就像濒死的幻影。"

演讲恐惧可以通过催眠、认知行为疗法和改变行为细节等方式加以治疗（例如放慢语速、深呼吸、注意停顿、将注意力集中在某一位观众身上）。2003年，社会心理学家肯尼思·萨维斯基（Kenneth Savitsky）和托马斯·季洛维奇（Thomas Gilovich）在纽约的康奈尔大学测试了一种新疗法。首先，他们通过一系列测试证明了"被洞悉错觉"的存在，即我们总是高估他人对我们内心状态的了解程度。随后，他们找来了一些康奈尔大学的学生，给他们布置了以种族关系为题，时长3分钟的演讲任务，然后把学生分成了3组。对控制组，他们没有给出任何指导；对第2组，他们告诉学生紧张是正常反应，有时越不想暴露紧张，反而越会紧张；对第3组，他们提供了与前一组相同的信息，并进一步补充道："再告诉你们一个或许有用的事实，有研究发现，观众并不能像你们想象的那样看穿你的紧张。"研究人员指出，大多数人都会产生"被洞悉错觉"——觉得自己强烈的情绪会"泄露出去"，被人看穿。但实际上，萨维斯基和季洛维奇说，这种情况很少发生。"你的紧张，"他们告诉学生，"除了你自己，可能没人知道。"

当所有学生都在录像机前完成演讲后，研究人员请他们对自己的自信程度和演讲效果打分。结果事先了解了"被洞悉错觉"的小组给自己打出了最高分。随后，实验人员又请另一组学生观看了前3组学生的演讲录像，结果他们也给同一组学生打了最高分。

"了解被洞悉错觉，"实验人员总结道，"能让演讲者表现得更好。我们的实验结果证实了一个概念，那就是'真相让人解脱'：对被洞悉错觉的了解让学生在演讲过程中摆脱了焦虑循环。"

大多数人都比自己想象中的更善于隐藏焦虑。一旦知道了别人不能看穿我们的恐惧,我们也就不那么恐惧了。

另见:脸红恐惧症 被笑恐惧症 社交恐惧症 电话恐惧症

书写癖 Graphomania

作为文学术语时,书写癖(graphomania)常被用来诋毁高产的作家——"graphein"在古希腊语中是"写作"的意思。匈牙利评论家马克斯·诺尔道认为奥斯卡·王尔德就是一个书写癖患者。诺尔道在1895年书写的《退化》(*Degeneration*)一书中抱怨:"他(指王尔德)写作的欲望好似无底深渊,但除了自己的精神和道德问题,他根本没什么可写的。"诺尔道指责王尔德为了写作而写作,说他沉迷于"愚蠢的双关",只知道玩文字游戏。那是一个被文字席卷的年代,文学学者伦纳德·J.戴维斯(Lennard J. Davis)指出:"狄更斯、巴尔扎克、特罗洛普、左拉、冈考特,还有许多不那么有名的作家,都有一部令人惊叹、仰慕的作品。这些作家不仅写小说,还写新闻、评论和书信——他们一刻不停地写着。他们对写作上了瘾。"

在临床诊断中,强迫写作通常被称为"多写症"(hypergraphia),

最早在1974年由美国神经学家斯蒂芬·韦克斯曼（Stephen Waxman）和诺尔曼·格施温德（Norman Geschwind）命名。他们发现一些颞叶癫痫患者会强迫性地记日记、写诗、列清单、抄写警句和歌词。神经学家猜测，是癫痫发作改变了这些患者的脑部活动。2013年，《新科学家》（*New Scientist*）杂志报道了一位癫痫患者的病情，这名76岁的女性在伦敦大学医院接受治疗，在服用了控制癫痫的药物后，她陆续写下了许多首诗。她每天都能写十多首诗，要是有人在她作诗时打断她，她还会大发雷霆，但在此之前，她对文学毫无兴趣。下面是其中一首诗的结尾：

清理橱柜，让垃圾从眼前消失不见
（即便是你在夜晚写成的诗）
都是不道德的行为
所以，我要留下这一首。

医生猜测，颞叶癫痫重塑了这名女子大脑中的语言和情感奖励机制，形成了新的回路，让诗歌创作变成了一件让人愉悦的事。

无意识的书写可能令人毛骨悚然。通灵者和灵媒似乎能在恍惚间与死者对话，在无意识的状态下记录灵之信息。在斯坦利·库布里克（Stanley Kubrick）1980年的电影《闪灵》（*The Shining*）中，主人公杰克·托兰斯（Jack Torrance）坐在废弃酒店的房间里打字，好像在写小说，但实际上——他的妻子发现时被吓坏了——他只是在电脑上反复敲下同一句话:"只工作,不玩耍,聪明孩子也变傻。"他就像一台没有思想的机器,泉涌般的文思不过是给空虚披上了一层外衣。

另见:计数癖 称名癖

接触强迫症　Haphemania

无法控制触摸东西的欲望——即接触强迫症（haphemania），词源为希腊语"接触"（haphe）——是强迫症的一种常见表现形式。通常接触强迫症患者有固定的行为模式：以特定次数或某种规律反复敲门、拿起又放下物品、拍打他人头部、说同一句话。部分患者会不受控制地触摸物体的棱角、凸起或裂痕，触摸的冲动还可能高频率地反复出现，让患者把指尖都磨出老茧。触摸行为的目的通常是躲避伤害，它就像机器或魔法，只不过让它起效的"秘诀"在于重复。

另见：计数癖　抠皮症　接触恐惧症　不洁恐惧症

接触恐惧症　Haphephobia

"接触恐惧症"（haphéphobie）一词最早由两位法国医生——莫里斯·拉努瓦（Maurice Lannois）和埃德蒙·魏尔（Edmond Weill）于1892年创造，当时，他们接诊了一位无法忍受他人触摸的病人。

让（Jean Br.）是一位58岁的男性，在法国里昂的一间洗衣房工作，洗衣房的位置就在索恩河边。一天，让在工作时突然晕倒，并暂时丧失了语言功能，被送到医院后，医生很快发现了他的其他异常：不论谁想碰他，他都会极力躲避。让告诉医生，他从记事起就一直害怕和其他人进行肢体接触。他害怕别人把手伸向他，更害怕别人的手指靠近他的脸，要是谁从背后碰他一下，恐惧会立刻传遍他的全身：他会感到恐惧像炸弹一样在他体内炸开，让他只想赶紧逃离。

一天上班时，让抱着一堆待洗的衣物从码头往洗衣房走，这时，有人从背后靠近他，让被吓得把手里的衣物全扔进了河里。让的家人和朋友都知道他的情况。有一次，让的一个朋友恶作剧，故意从背后碰了他一下，结果让直接从窗户跳了出去，而且是从二楼。

病房里，让不停地左顾右盼，转头查看身后的情况。有时他干脆背靠着床后的墙站着，好确保不会有人突然在他身后出现。让的恐惧症似乎不是身体原因造成的——他既没有皮肤病，也不过敏，甚至不怎么怕痒——但他总是坐立难安，时刻保持着高度警惕，要是被谁碰一下，他就会痛苦不堪。

医生们倾向把让的病因归结为遗传性退行性变，因为让的父亲（56岁时自杀）和一个侄子（几年前从非洲回来后死于苦艾酒中毒）也害怕别人的触碰，但让还有许多家庭成员看起来完全正常。让本人也说不清自己为什么会这样。"我就是害怕，"他说，"就是怕。"

另见：幽闭恐惧症　接触强迫症　不洁恐惧症　社交恐惧症

恐马症　Hippophobia

1909年，西格蒙德·弗洛伊德发表了一篇颇具影响力的案例分析，分析对象是一名维也纳的5岁男孩"小汉斯"，他从1908年开始表现出对马的极度恐惧［即恐马症（hippophobia），"hippo"在希腊语中是"马"的意思］。当时，在维也纳的街道上，马随处可见，汉斯怕极了，经常不愿出门。"对马的恐惧是双重的，"弗洛伊德写道，"一重是害怕马摔倒，另一重是害怕被马咬伤。"

汉斯的父亲是弗洛伊德的朋友，也是他的崇拜者。据他说，儿子的恐惧是从在街上看到一匹拉车的马摔倒在地，拼命蹬腿挣扎后开始的。弗洛伊德认为摔倒的马无助又狂躁的样子刺激了男孩头脑中某个先已存在的性幻想。在此之前，汉斯已经表现出了对动物"尿尿的那个小东西"的兴趣，而且因为手淫而被母亲责备。他还曾在谈话中提到妹妹"尿尿的那个小东西"。

在之后的4个月里，汉斯的父亲在弗洛伊德的指导下对儿子进行了精神分析。他先记录下汉斯的言语和行为，再同弗洛伊德讨论，然后和儿子探讨这些愿望和行为。弗洛伊德认为，汉斯的例子证实了他关于天然存在的幼儿性欲[1]和俄狄浦斯情结[2]的理论，

1　弗洛伊德在《性学三论》中指出，性欲与生俱来，幼儿也有性冲动，并详细分析了幼儿性欲的来源、目的及表达方式。——译者注
2　俄狄浦斯是希腊神话中的人物，他在不知情的情况下杀死了自己的父亲，并娶了自己的母亲。弗洛伊德认为，男孩对母亲有强烈的依恋，对父亲则抱有复杂的感情——既嫉妒父亲夺去了母亲的爱，想要杀死父亲、取代父亲，又害怕父亲发现自己的嫉妒而惩罚自己，同时希望自己成为和父亲一样强大的男人，再次获得母亲全部的爱。——译者注

他推测汉斯和其他同年龄男孩一样，抱有隐藏的弑父娶母的愿望，但又害怕这一愿望会伤害父亲（让马摔倒），也害怕父亲会报复自己（马的撕咬，象征阉割）。

弗洛伊德只见过汉斯两次。第二次见面时，男孩说自己没那么害怕马了，但还是害怕马的眼睛和嘴巴周围那些黑色的东西——眼罩和笼头。弗洛伊德便问，那些东西是否让他想起了父亲的眼镜和黑色的胡须。

弗洛伊德坚信小汉斯对马的恐惧和敌意是他对父亲矛盾情感的影射。这种恐惧是一种妥协，既是对情感的抑制，也是宣泄。他通过躲避街上的动物来否认自己对父亲的恶意。

分析治疗很快便结束了，小汉斯似乎战胜了对马的恐惧。他的父亲认为这可能是因为他的恐惧升华成了对音乐越发浓厚的兴趣。1908年5月，弗洛伊德到这家人在维也纳的家里看望了他们，还给小汉斯带去了一份迟到的生日礼物——一把木马摇椅。

小汉斯的案例分析在第二年公开发表后立刻引起了巨大的争议，这是以儿童为精神分析对象的第一份记录，也是对弗洛伊德俄狄浦斯情结理论最清晰的阐释，更为后来的恐惧症分析提供了原型。弗洛伊德将恐惧症——或"焦虑性歇斯底里"——形容为"十分经典的儿童神经症"。他认为，这些神经症大都会随着儿童的成长而消失，但痕迹会一直存在。"现在的汉斯或许比其他孩子更有优势，"弗洛伊德写道，"因为他的内心不再有被压抑的情结。"

1920年前后，奥地利音乐学家马克斯·格拉夫（Max Graf）

17岁的儿子赫伯特·格拉夫（Herbert Graf）偶然读到了弗洛伊德的小汉斯案例分析，并意识到小汉斯就是他自己。于是他找到不久前刚刚和母亲离婚的父亲，问道："这是什么？""这显然是在说我！"他的父亲也坦然承认："是的，没错。"

1922年，赫伯特·格拉夫出现在了弗洛伊德的办公室。"他看着我，"格拉夫说，"但一点都没认出我来。于是我说，我就是小汉斯。当时的一幕还真有些感人，他走过来拥抱了我，对我说快坐下。然后我们交谈了很长时间，他询问了我的近况和未来的计划。最后他说，当年的治疗一定起了作用，因为我的言语和行为——至少在他看来——一切正常。"

另见：恐鼠症 动物恐惧症

长单词恐惧症
Hippopotomonstrosesquipedaliophobia

"长单词恐惧症"（hippopotomonstrosesquipedaliophobia）这个略带荒诞不经的词大约诞生于20世纪70年代，是指对特别长的单词的恐惧。其实，这个单词的后半部分"sesquipedaliophobia"已经足以表达这层意思——至少18世纪以来,"sesquipedalian"都被用于形容"多音节的"词汇——但人们又在它的前面加上了"hippopoto"[hippopotamus(河马)的蹩脚缩写]和"monstro"(来自拉丁语"monstrum",即"魔鬼")。这样一来,这个单词就变得尤其冗长而笨拙,也平添了些喜剧效果。这是对恐惧对象的模仿——长而深奥的单词,也是对捏造恐惧症的嘲笑——好像只要加上了希腊或拉丁语前缀,就能让一个词显得历史悠久、颇具科学权威。

长单词恐惧症的首次亮相应该是在丹尼斯·库恩（Dennis Coon）和约翰·O.米特雷尔（John O. Mitterer）于1980年出版的《心理学导论》（*Introduction to Psychology*）的脚注中,作者或许是故意把这个词造得比"人见人爱,花见花开,车见车爆胎"（supercalifragilisticexpialidocious）[1]更长,后者作为插曲出现在1964年的电影《欢乐满人间》（*Mary Poppins*）中,电影的成功让这个词一下子流行起来。

另见：回文恐惧症　称名癖

---

[1] *Supercalifragilisticexpialidocious* 是美国电影《欢乐满人间》的插曲,该曲入选了美国电影协会于2004年评选出的百年影史最经典的100首歌。该词在20世纪90年代被翻译成"好极了,棒极了,没治了,盖了帽了"；在2014年的高清重制版电影中,被重译为"人见人爱,花见花开,车见车爆胎"。——译者注

杀人狂 Homicidal monomania

根据让-艾蒂安·埃斯基罗尔1810年的定义，杀人狂是指其他方面一切正常，但无法抑制杀人冲动的人。埃斯基罗尔的说法为想要以精神错乱为由脱罪的人提供了又一种可能：那些看似正常的杀人魔可以辩称自己犯下罪行是因为自己生了病，这是一种确切而短暂的癫狂，因此，他们应该被定性为疯子，而不是罪犯。当杀人狂发病时，美国精神病学家艾萨克·雷（Isaac Ray）在1838年写道："这个人的反射能力会全面瘫痪，他的一切行为都出自盲目而无意识的冲动，理智彻底丧失，就像一个刚出生的婴儿。""患有这种疾病的人，"雷补充道，"不应该因为杀人而受罚。"

1843年，英国的法庭审理了一件具有里程碑意义的案件，苏格兰伐木工人丹尼尔·南顿（Daniel M'Naghten）被判定患有杀人狂，故谋杀罪名不成立——他枪杀了一个名叫爱德华·德拉蒙德（Edward Drummond）的公职人员，有充分的证据表明，南顿把被害人当成了时任首相罗伯特·皮尔（Robert Peel）。南顿逃过了绞刑，被送进了专门收治有犯罪记录的精神病人的贝特莱姆精神病院。这个诊断救了他的命，但也掩盖了他对政治的愤怒：从此，人们只记得南顿是个疯子，他暴力反抗贵族保守统治的行为被忘得一干二净。

埃斯基罗尔说，杀人狂在杀戮结束后通常会恢复理智。"行动结束，"他写道，"发病似乎也告一段落。对一些杀人狂来说，他们会感到解脱，因为发病时的焦虑和痛苦是他们无法承受的。他们沉着冷静，没有后悔，没有自责，也没有恐惧。他们对被害者漠不关心，甚至在杀人后感觉到或表现出心满意足。"杀人行为似乎消解了那股疯狂。

米歇尔·富科（Michel Foucault）[1]在1978年指出，埃斯基罗尔提出的杀人狂概念"把杀人犯变成了除犯罪以外一切都正常的疯子"。"19世纪的神经病学造出了一个纯粹虚构的词条，"他评论道，"一个名叫发疯的罪名，一个不过是发疯而已的罪名，一种不过是犯罪而已的疯狂。"

到了19世纪60年代，这一诊断在精神病学界已经"失宠"，但仍然在庭审中被反复提及。1857—1913年，位于伦敦老贝利街上的中央刑事法庭共有43起谋杀案涉及"杀人狂辩护"。1895年，住在东伦敦的13岁男孩罗伯特·库姆斯（Robert Coombes）用刀刺死了母亲，法庭上，辩方律师称男孩患有杀人狂，控方则对这一说法嗤之以鼻，刑事律师提醒陪审团："杀死母亲的刀是男孩自己买回来并事先藏好的。"但最终陪审团还是采纳了患病的说法——他们认定库姆斯有罪，但相信他的犯罪行为是患病导致的。

---

[1] 米歇尔·富科（1926—1984），法国哲学家、社会思想家。著有《疯癫与文明》《性史》《规训与惩罚》等，对文学评论及其理论、哲学、批评理论、历史学、科学史、批评教育学和知识社会学产生了很大的影响。——译者注

库姆斯被送到了布罗德莫精神病院，那里专门收治有犯罪记录的疯子，医院里有许多和库姆斯一样被仁慈的陪审团赦免了死罪的人。女性病区的大多数病人（也包括一些男性病区的病人）是因为杀害了亲生骨肉而被确诊为杀人狂——人们相信他们这样做是出于一时的恐慌和绝望。1912年，30岁的罗伯特·库姆斯出院了。3年后，他因为在加里波利之战[1]中当担架员时冷静而勇敢的表现获得了军事勋章；又过了20年，在澳大利亚郊区务农的他从隔壁一对暴力的父母手中救下了一个11岁的男孩。他的杀人冲动——假如真的存在过——已经一去不复返了。

另见：偷窃癖　偏执狂　纵火狂

同性恋恐惧症　Homophobia

1965年，心理治疗师乔治·温伯格（George Weinberg）在听到陌生人侮辱他的女同性恋友人后，创造了"恐同症"（homophobia）一词，用来形容一些人对同性恋的厌恶。尽管这个词的字面意思是害怕相同的东西（希腊语中"homos"是

---

[1] 加利波利之战，又称达达尼尔战役，是第一次世界大战中发生于土耳其加利波利半岛的一场战役。——译者注

"相同"的意思），但温伯格的目的更多是达到效果，而非表达意义——与过去形容恐同情绪的词，如 homoerotophobia 相比，新词更加简洁。温伯格的两位友人在1969年发表于《螺丝》（Screw）的文章中使用了这个词语："恐同症是多么可悲！"杰克·尼科尔斯（Jack Nichols）和里热·克拉克（Lige Clarke）在形容这种病症时写道，这是"一种强烈而神经质的恐惧，生怕别人觉得自己喜欢同性"。

温伯格本人是异性恋者，他在1972年的著作《社会与健康同性恋》（Society and the Healthy Homosexual）中详细阐释了"恐同症"一词的含义：反同情绪其实是一种恐惧，对同性恋的偏见来自隐藏的焦虑，这是一种病态的执念。"对同性恋的歧视行为，"温伯格写道，"有着深层的心理动机。"当时，同性恋仍属于精神病范畴，而温伯格希望改变这一点——通过给反同者，而非同性恋本身定罪。他的努力似乎起效了。1973年，美国精神医学学会决定将同性恋从精神疾病中除名。"虽然当时恐同症还没有被确定为临床上的疾病，"文化历史学家丹尼尔·维克贝格（Daniel Wickberg）说道，"但实际上它已经取代了同性恋，变成了一个需要医学干预的问题。"

一些心理学家认为，"恐同症"这一名称可能会误导人们，因为反同情绪更多来自仇恨和愤怒，而非恐惧，但温伯格认为这些情绪是相互交织的：对同性恋的恐惧"催生了各种暴力行径，这也是恐惧常常导致的结果"。早在1914年，匈牙利精神分析学家尚多尔·费伦齐（Sándor Ferenczi）就提出了一个观点：同性恋是一种防御反应，是压抑同性欲望的副作用，也的确有研究得出了类似的结论。1996年，研究人员在佐治亚大学招募了64名自诩为异性恋的男性，请他们观看了一组同性恋相关的图片，结果研究人员发现，对同性恋敌意最大的个体恰恰也是被图片性唤起程度最高的人。

一些LGBT[1]活动家也对"恐同症"的说法提出了质疑，认为这一病名让意识形态问题变成了心理上的异常，给恐同人士提供了推卸责任的理由——恐同并非他们的本意，而是患上了精神疾病，无法控制自己。"政治家可以随意给竞争对手贴上精神失常的标签，"激进女同性恋女权主义者西莉亚·基青格（Celia Kitzinger）在20世纪80年代说道，"但这样做的后果是让同性恋议题彻底被排除在政治领域之外。"

2012年，美国联合通讯社（Associated Press，简称美联社）禁止旗下记者继续使用"恐同症"和其他带有政治色彩的相关词汇，例如"肥胖恐惧症"（诞生于20世纪80年代）和"变性恐惧症"（诞生于20世纪90年代）。美联社的一位发言人表示，"恐同症"这个词本身就有失偏颇。"它给人扣上了精神失常的帽子，但这种疾病是否真的存在，没人说得准。"不过，温伯格

1　LGBT即女同性恋者（Lesbians）、男同性恋者（Gays）、双性恋者（Bisexuals）与跨性别者（Transgender）。在现代用语中，有时它也泛指所有非异性恋者。——译者注

依然坚持自己的观点。"'恐同症'这个词，"他于同年在《赫芬顿邮报》(*Huffington Post*)上发表文章称，"对男女同性恋者追求自由来说是必要的。"

另见：恐外症

恐水症（狂犬病） Hydrophobia

复合词"恐水症"(hydrophobia)——来自希腊语"hydro"，即"水"——诞生于14世纪，它的出现替代了古英语单词wæterfyrhtness（意思也是恐水），形容狂犬病患者怕水的表现。恐水症是一种生理反应，发病原因通常是被携带狂犬病毒的动物咬伤或抓伤。发病时，患者不仅不能喝水，而且只是想到水都会让他们喉部抽筋。恐水症状一旦出现——通常还伴有其他神经系统受损的症状，如狂躁、妄想、瘫痪和唾液分泌过多等——患者就几乎被宣判了死刑。许多时候，恐水症是狂犬病的代名词，这一病症曾一度在欧洲和美国流行，直到1885年路易斯·巴斯德（Louis Pasteur）[1]发明出狂犬病疫苗。

---

1 路易斯·巴斯德（1822—1895），法国微生物学家、化学家，近代微生物学的奠基人。巴斯德在对抗狂犬病、鸡霍乱、炭疽病、蚕病等方面都做出了巨大贡献，其发明的巴氏消毒法一直沿用至今。——译者注

在1819年的一个著名案例中，英属北美[1]总督、里士满公爵在渥太华河附近的一个营地病倒了。发病第一天，唐·詹姆斯·麦克劳克林（Don James McLaughlin）在《传染性影响》（*Infectious Affect*）中将公爵的症状形容为"无法吞咽液体"；第二天，公爵因为怕水而拒绝了洗澡；第三天，人们想用船把公爵送到蒙特利尔就医，结果公爵从船上跳了下去，头也不回地向远离河流的森林里狂奔。随从好不容易追上了他，把他带到了一间农场静养，但他还是被潺潺的水声吓得不轻。最后，随从把他安置在了房子后方谷仓里的稻草床上。不久，公爵就咽气了。

公爵的同伴猜测，他可能是打猎的时候被得了狂犬病的狐狸咬了，也可能是被他自己的爱犬布鲁彻（Blucher）咬了——那只狗和公爵睡在一张床上。大家都明白，公爵死于恐水症。

公爵的病最让人不安的不是身体上的异常，而是他对喝水的恐惧逐渐变成了对水的全面恐惧：这种厌恶蔓延到了他的意识层，让公爵的心理也生了病。麦克劳克林特别指出，1973年，10岁的英国女孩汉娜·斯普林索普（Hannah Springthorpe）在莱斯特[2]被狗咬伤后也出现了几乎一样的症状。汉娜产生了被猫狗攻击的幻觉，她自己好像也变成了一只狗，和那些攻击自己的狗相

---

1 英属北美殖民地，即1607—1776年英国在北美建立的13个殖民地，分别是：弗吉尼亚、马萨诸塞、新罕布什尔、马里兰、罗得岛、康涅狄格、北卡罗来纳、南卡罗来纳、纽约、新泽西、宾夕法尼亚、特拉华和佐治亚。殖民地从属英国，但英王特许其在不占议会席位的前提下拥有政治自治权。——译者注
2 英国中部城市。——译者注

互撕咬；一看到水，她就怕得尖叫。"一名护士不小心弄洒了薄荷茶"，她的主治医生记录道，汉娜"大喊好疼，求护士赶紧停下"。

恐水症的存在本身就令人不安。这种人畜共患的疾病像是一个信号——甚至在1859年以前，达尔文的《物种起源》还未面世的时候——暗示着人类和野兽存在某种密切的联系。麦克劳克林写道："它让人们对人类这一物种的独特性产生了怀疑。"

恐水症的另一个特征是病人长久的恐惧和不祥的预感。被狗或其他动物咬伤的人会一直在惊恐中等待幻觉和恐水等症状的发作，因为恐水症的潜伏期可能是数周、数月甚至数年。这种滞后现象让恐水症从单纯的疾病变成了一种偏执——患者总在担心发病前的蛛丝马迹。一些发病的患者完全记不起自己曾被动物咬过，对于这些案例，麦克劳克林的解释是他们患上了"自发性恐水症"，这种纯粹的心理问题通常是阅读和想象导致的。"恐水症"的"恐水"从最初的"害怕水"变成了"害怕恐水"，反感与恐惧、想象与实感的界限越发模糊起来。1874年，这种偏执有了自己的名字——狂犬病恐惧症（lyssophobia），来自希腊语"lyssa"，即"狂犬病"。

巴斯德的疫苗标志着微生物研究的一个新起点，此后，恐水症就变得罕见了。不过，恐水症依然是恐惧症的"典型代表"，因为它模糊了心理与生理的界限。18、19世纪确定的大多数恐惧症都与身心两方面相关：它们既伴有颤抖、出汗、眩晕、脸红等生理表现，也会引起难以描述的厌恶和恐惧等心理感受。受其他病人的影响以及遗传、人为因素等都有可能是致病的原因。至于疾病的根源究竟是生活经历、人类历史，还是自发产生的，目前还不得而知。

在《尤利西斯》（*Ulysses*，1922）[1]中，詹姆斯·乔伊斯（James Joyce）[2]将恐水症描述为精神和肉体的双重折磨，它让人恶心，又令人难以捉摸。那只名叫加里·欧文（Gary Owen）的狗"在咆哮、低吼，它的眼睛因干涩而布满血丝，对水的恐惧正顺着他的下巴滴落"。这只动物黏稠的唾液里充满了病菌。

另见：恐水症（恐惧溺水） 恐犬症 不洁恐惧症 海洋恐惧症

---

1 《尤利西斯》是意识流小说的代表作，被誉为20世纪百大英文小说之首。——译者注
2 詹姆斯·乔伊斯（1882—1941），爱尔兰作家、诗人，20世纪最伟大的作家之一，其作品及"意识流"思想对世界文坛影响巨大。——译者注

睡眠恐惧症　Hypnophobia

睡眠恐惧症（hypnophobia）——来自希腊语"hypnos"，意思是"睡眠"——是对睡眠的病态恐惧，通常与做梦或噩梦有关。1855年的一本医学字典记录了这一病症；1984年韦斯·克雷文（Wes Craven）的作品《榆树街上的噩梦》（*A Nightmare on Elm Street*）正是对这一疾病生动而戏剧化的呈现。电影中，一个面目狰狞的疯子拥有潜入他人梦境的能力，他在等待孩子们睡着，寻找杀人的机会。"无论如何，"影片的宣传语写道，"不要睡着。"

2021年，一篇发表于《睡眠医学评论》（*Sleep Medicine Reviews*）的社论文章指出，部分有创伤经历的人会患上睡眠恐惧症，他们害怕入睡后会做梦。有的人恐惧睡眠，是因为他们认为睡着就等于失去了自控能力；还有一些人不愿入睡，是因为他们曾在睡梦中突发心脏病或中风，担心如果睡着，就再也醒不过来了。

另见：黑夜恐惧症　寂静恐惧症

低恐惧症　Hypophobia

艾萨克·马克斯（Isaac Marks）和伦道夫·内瑟（Randolph Nesse）在 1994 年创造了"低恐惧症"（hypophobia）一词，用于描述一种异常且危险的恐惧缺失（"hypo"在希腊语中是"低于"的意思）。二人指出，焦虑是一种重要特质，能够保护人类免受外部伤害，而缺乏恐惧就意味着更有可能受伤。许多人被诊断出病态焦虑，或许也有许多人无所畏惧，当然，这些人不会选择就医。"毫无焦虑的人不会向精神病医生抱怨自己无所畏惧，"马克斯和内瑟说道，"所以他们的异常，即'低恐惧症'，一直没有被正式记录下来。"

格兰维尔·斯坦利·霍尔在 1897 年的一篇文章中写道，恐惧是对人类进化最重要的情绪：我们"预感伤害"的能力让我们得以预测并规避危险。马克斯和内瑟提醒我们，孤岛上的动物天不怕、地不怕，但它们也因此丧失了逃跑、战斗、躲藏的能力。当人类登岛、新的掠食者到来时，这些"温顺的"土著物种根本无法保护自己。"就像那句谚语，"马克斯和内瑟补充道，"'彻底完蛋'。"[1]

另见：泛恐惧症

---

[1] 原句为 Dead as a Dodo。Dodo 即渡渡鸟，独产于印度洋岛国毛里求斯，渡渡鸟肉多，不会飞，被葡萄牙水手大肆捕捉，于 18 世纪灭绝。——译者注

皮划艇恐惧症　Kayakphobia

1902年，丹麦政府派驻格陵兰岛西岸的医生艾尔弗雷德·贝特尔森（Alfred Bertelsen）发现当地的一些因纽特[1]男性丢弃了他们的兽皮艇[2]——一种因纽特人世代用来捕猎海豹的船只——这些男性都在出海时因为恐惧而完全丧失了行动能力。贝特尔森还发现，在一些沿海地区，每10个成年男性中就有一人患有"皮划艇恐惧症"。这对丹麦殖民地来说是个大问题，因为捕鲸业在18世纪后期逐渐衰落，捕猎海豹成了人们重要的收入来源。

因纽特人在狩猎、捕鱼时可能遇到许多危险——冰山、暴风雨、猎物反击——但皮划艇恐惧症则通常在海面平滑如镜时发作。坐在皮划艇里的人会突然感到船在缩小，或是立在了自己面前；他们可能感到船身越来越重，船桨越来越轻。有时，他们还会丧失距离感，头晕目眩，感觉艇里注满了冰冷的海水。贝特尔森说，许多患者感到"海里的什么东西就要伤害他们了，而那种东西是没人敢看，也没人看得到的"。少数病情极其严重的患者甚至会离家出走，或选择自杀。

1　因纽特人生活在北极地区，分布在从西伯利亚、阿拉斯加到格陵兰的北极圈内外。——译者注
2　因纽特人使用的兽皮艇主要由海豹皮、鲸鱼骨和木头制成，距今已有4000多年历史，是现代皮划艇的原型。这种艇坚硬耐磨，防寒保暖，且具有倾覆不沉的特点。——译者注

一名37岁的海豹捕手告诉贝特尔森，19世纪90年代一个7月的正午，他坐着自己的皮划艇出海捕鳕鱼。那天天气很热，晴空万里，阳光直射他的眼睛。他已经有了一些收获，突然，他感觉有东西上钩了。他收线，却失望地发现上钩的是一只海蛞蝓。于是，他放开了鱼线，接着不知怎么的，他开始发抖、出汗、头疼，眼前还出现了跳动的斑点，皮划艇的船头好像变长了，而且歪斜着。他强烈地感到有什么东西要从后面扑过来了，但他却动弹不得。最后，他终于振作起来，划回了陆地。他告诉贝特尔森，自那以后，他就再也不出海了。

19世纪中期以来，丹麦医生一直在研究因纽特人的皮划艇恐惧。起初，医生将这种表现归结为烟草或咖啡中毒——事实上，这两样刺激物都是丹麦殖民者带到当地的——但在1892年，精神病学家克努特·蓬托皮丹（Knut Pontoppidan）提出，皮划艇恐惧是广场恐惧的一种。贝特尔森特也认为这是一种恐惧症，并在1940年将种族因素加入了他的分析。他认为，皮划艇恐惧"似乎和因纽特人大脑中的某种原始因素（primitiveness）有关"——"在雅利安人中，"他补充道，"只有女人和儿童会像这样受到病态的恐惧影响。"

不过，此时的丹麦政府已经不再担心皮划艇恐惧了，因为格陵兰岛的捕鱼业取代了海豹狩猎，渔船也替代了因纽特人的兽皮艇。不过，后来仍有学者回顾这一话题。20世纪60年代，美国精神病学家扎卡里·古索（Zachary Gussow）推测，皮划艇恐惧源于感觉剥夺，即完全静止、毫无特征的北大西洋海面让船上之人失去了方向感。1996年，丹麦人类学家克劳斯·格奥尔格·汉森（Klaus Georg Hansen）指出，因纽特人对这一现象有自己的解释。根据格陵兰岛的民间传说，这一现象和一种叫tupilak[1]的怪兽有关，嫉妒猎手的人会派这种怪兽去杀害他们。这种怪物有时会化身海豹，在猎人用鱼叉攻击它的时候，顺势把对方拖下船；有时，它又化身无形的邪恶力量，让人神志恍惚。如果猎手在tupilak手中逃过一劫，他可以请当地的angakok（萨满）为自己做一次降神会，摧毁tupilak。但如果tupliak的攻击没有停止，那么猎手很可能就此放弃捕猎。汉森写道，西方的医生普遍认为皮划艇恐惧症是一种个体病症，但格陵兰岛的居民相信这种异常是社会的紧张局势导致的。在他们看来，隐藏于这种恐惧之下的问题不属于某一个人，而属于整个群体。

另见：广场恐惧症　恶魔附身妄想症　狂笑症　海洋恐惧症

---

[1] tupilak是一种格陵兰岛独有的小骨雕，通常刻有虚拟的神话生物形象。古时，tupilak是被用来对敌人施法的神物。——译者注

狂喊症　Klazomania

狂喊症（klazomania）——来自希腊语"klazo"，意思是"尖叫"——是匈牙利精神病学家 L. 贝内德克（L. Benedek）于 1925 年创造的词汇，指无法抑制的吼叫冲动。贝内德克的一位病人会突然间失控大叫，高声呼喊一些只言片语，或模仿动物的叫声。1927 年，贝内德克的两位同事报告了更多类似案例，并指出这些病人在发病时大都非常愤怒（极度不安，满脸涨红），而事后则懊悔不已——他们在整个发病过程中似乎是清醒的。

1996 年，英国精神病学家 G. D. L. 贝茨（G. D. L. Bates）也观察到了类似的症状，他接诊了一位 63 岁的男性，这名患者会时不时地大叫。据患者本人说，过去两年，他每月都会"犯病"1—2 次。贝茨目睹了他的发病过程：他焦躁不安，用最大的音量嘶吼，痛苦地大喊"啊！""救救我！"喊完以后，他向前踉跄了几步，好像被自己吓着了一样。在 20 世纪 90 年代的英国情景喜剧《泰德神父》（*Father Ted*）中，一个名叫杰克的爱尔兰牧师也有类似的毛病，不过，他发病时最喜欢喊的是"他妈的！""放屁！""喝酒！""女孩！"

虽然图雷特氏综合征[1]也有类似的表现，但狂喊症不是遗传或基因引起的，而是脑损伤造成的。贝茨推测，那名 63 岁的男

---

[1] 图雷特氏综合征是一种以不自主的多发肌肉抽动和猥亵性言语为主要临床表现的原发性锥体外系统疾病。——译者注

性是因为饮酒过量而得了病，除此之外，一氧化碳中毒也可能是致病原因。贝内德克和同事在20世纪20年代接触的狂喊症患者都得过流行性脑炎[1]，这种神秘的"睡眠病"在1915年至1927年夺走了50万人的生命，虽然许多患者保住了性命，但还是落下了帕金森综合征或其他神经系统后遗症。

另见：书写癖　称名癖

偷窃癖　Kleptomania

瑞士医生安德烈·马泰（André Matthey）在1816年首次将强迫偷窃命名为"偷窃癖"（klopémanie）——"这种癫狂主要表现为缺乏动机和必要性的偷窃行为"——1830年，这一词汇被翻译成英语 kleptomania（"klepto"在希腊语中是"偷窃"的意思）。1852年，《心理医学期刊》（*Journal of Psychological Medicine*）报道了一个偷窃癖案例：英国的一名患者在医生的许可下，在精神病院里继续着他的"狂欢"。他把偷来的东西全都藏在衣服里，包括叉子、勺子、睡帽、手帕、破

---

[1] 流行性脑炎又称嗜睡性脑炎，部分患者无法说话，也不能行动。——译者注

布、烟斗和奶酪渣。医生说,"他没偷东西的时候看上去又瘦又高,但很快,他的衣服就膨胀起来,整个人好像大了一号;最后,医护人员不得不把他的外套、背心、裤子全都解开,让他把'战利品'都交出来。"

越来越多的人注意到,偷窃癖患者往往是富有的女性,而不是穷鬼。《柳叶刀》在1861年指出,涉及偷窃癖的庭审案例几乎只与富裕阶层有关:"当表面风光的人偷了东西,又没有明确的动机时,偷窃癖就成了救命稻草,让这些人得以有一个借口去减轻罪行。"根据定义,偷窃癖的必要条件之一就是偷东西的人没有必要去偷他/她拿走的东西。

在1896年的一起著名案件中,一位旧金山茶商的妻子,37岁的埃拉·卡斯尔(Ella Castle)被指控从伦敦的6间商铺偷走了皮草。她和丈夫、儿子一起住在斯特兰德大道[1]上的塞西尔酒店,那是当时全欧洲最大、最豪华的酒店。警察突击搜查卡斯尔的房间,在房间里发现了失窃的貂皮、青紫蓝兔皮、貂皮领带和围巾、黄金手表、微型望远镜、手镜、钟表、扇子和龟甲梳,其中一些还挂着价签,警察甚至从他们的皮箱里发现了几个镀银的烤面包架,上面还刻有塞西尔酒店的标志。

警察逮捕了卡斯尔夫妇——人人都觉得沃特尔·卡斯尔(Walter Castle)不可能不知道偷窃之事,因为许多东西失窃

---

[1] 英国伦敦的一条繁华大道,西起特拉法加广场,东至伦敦城圣殿关处,与舰队街交会,街道两旁均是豪宅。——译者注

时他都在场,而且被偷的东西就藏在他的私人物品中——但最后针对卡斯尔先生的指控都被撤销了,因为几位医生站出来做证,说埃拉·卡斯尔患有偷窃癖。这个案件引起了巨大轰动,大西洋两岸争相报道此事。阿瑟·柯南·道尔(Arthur Conan Doyle)[1]也加入了讨论。"至于这个案件的道德责任,"他在给《时代周刊》(*The Times*)的去信中写道,"我们应当充分考虑当事人的性别和地位……她应当被送去接受心理咨询,而不是坐牢。"

地方法官判处卡斯尔夫人3个月的监禁,不过仅一周后,内政大臣就悄悄下令释放了她。出狱后,卡斯尔夫人和家人乘船去了美国,在那里接受了两次"卵巢精神病"手术。对于这种将偷窃癖和女性生殖系统挂钩的行为,女权主义学者伊莱恩·S.埃布尔森(Elaine S. Abelson)在1989年指出,是将女性和疾病、怪异捆绑在了一起。"偷窃癖得到了社会和医学界的承认,"埃布尔森表示,"但这一病症也同时固化了'女子不如男'的观念。"随着越来越多的扒手辩称自己的偷窃行为是一时失常,"患偷窃癖的女人"就成了音乐厅固定曲目般的存在,堪比"一个丑角,一个流行的笑话"。

19世纪后期,百货公司大量涌现,冲动偷窃似乎也更常见了。在那些精致的商场里,阔太太们随心所欲地在琳琅满目的商

---

[1] 阿瑟·柯南·道尔(1859—1930),英国作家,代表作为《福尔摩斯探案集》(包括《血字的研究》《四签名》《巴斯克维尔的猎犬》等)。——译者注

品间行走，欣赏它们——有时也偷走几件。"那诱惑太强烈了，"爱弥尔·左拉（Émile Zola）[1]在《女人天堂》（*The Ladies' Paradise*，1883）中写道，"它掀起了一阵欲望之潮，吞没了所有女性。"左拉笔下，巴黎的百货公司是情欲的仙境，是布料、肉体与金钱相互交缠的地方。小说中有这样一个场景，女售货员对德波夫伯爵夫人搜身，想寻找失窃的商品，她们"甚至脱掉了她的裙子，检查她的胸部和臀部。她们在伯爵夫人的袖子深处发现了12米长的阿朗松[2]花边，这种花边每米售价高达1000法郎。此外，她们还在夫人的胸衣里找到了一方手帕、一把扇子和一条围巾，这些东西已经被压得皱巴巴的，还带着伯爵夫人的体温。这样一来，仅蕾丝一种商品的总价就高达14000法郎"。事实上，伯爵夫人已经在这股强烈欲望的驱使下偷窃了一年之久。

卡斯尔案发生后，克拉拉·比伊克·科尔比（Clara Bewick Colby）在《女人的信号》（*The Woman's Signal*）中提出，一些女人之所以偷窃成瘾，是因为从丈夫那儿得到的可自由支配的钱太少了。偷窃癖患者的目标大都是奢侈品或华而不实的东西，这些也正是女人——不论经济条件如何——不愿或不敢开口索要的东西。科尔比说，要解决这个问题，丈夫应当给妻子更多的自主权，已婚妇女"必须有权掌控属于她们自己的东西"，否则，

---

[1] 爱弥尔·左拉（1840—1902），法国作家，代表作包括《鲁贡玛卡一家人的自然史和社会史》《萌芽》《娜娜》等。——译者注
[2] 法国西北部城市，著名的针织花边阿朗松花边（Dentelle d'Alençon）的发源地。——译者注

她们都可能变成G夫人——保罗·迪比松（Paul Dubuisson）采访了多位女性偷窃癖患者，并将谈话记录整理成了《百货公司的小偷》（Les Voleuses de Grands Magasins，1902），G夫人便是其中一位。G夫人说，第一次偷窃"打开了一扇新的大门。她重生了。她的家庭、她的丈夫都变成了第二重要的东西，她头脑中有一个高于一切的念头：再去百货商场里偷东西"。偷窃癖变成了一种对家庭的反抗。

西格蒙德·弗洛伊德的追随者坚信偷窃癖与女性的性欲有关。1924年，威廉·施特克尔（Wilhelm Stekel）[1]提出，这一病症的根源大抵是性。偷窃癖患者想要"做些不被允许的事"，他写道，"或是把什么东西偷偷地据为己有"。弗里茨·维特尔（Fritz Wittels）在1942年表示："偷窃行为就是偷窃癖患者的性生活。"

心理学家很早就注意到偷窃癖患者能从偷窃行为中得到释放。1840年，法国精神病学家查尔斯·克雷蒂安·亨利·马克（Charles Chrétien Henri Marc）发现，偷窃有振奋人心、缓解焦虑的效果。根据美国精神医学学会于2000年出版的《诊断与统计手册4》，偷窃癖患者在"偷窃前感到压力增大""偷窃时则感觉愉悦、满足、轻松"。现在，偷窃癖更多被看作一种冲动控制障碍，常见的治疗方法是用药物削弱偷窃时的刺激感，舒缓患者本来想要通过偷窃排解的焦虑情绪。也有患者尝试用厌恶

---

[1] 威廉·施特克尔（1868—1940），奥地利心理学家，西格蒙德·弗洛伊德最早的追随者之一，曾被誉为"弗洛伊德最杰出的学生"。——译者注

疗法去对抗这一疾病——比如在想象偷窃时屏住呼吸，直到憋得生疼；或是把偷窃行为和被捕坐牢的画面联系起来。在认知行为治疗中，医生会指导患者打破偷窃的行为模式，清除反复出现的想法——比如"他们活该""我就想试试能不能全身而退"，或是"我的家人应该拥有更好的东西"。

在赫尔曼·黑塞（Hermann Hesse）的短篇小说《金德赛尔》（*Kinderseele*，1919）中，一个11岁的男孩被强烈的偷窃欲控制住了。一天，他从学校走路回家时，一路上心神不宁，好像做错了什么似的。"恐惧笼罩着他。他感到从胸口到喉咙都在发紧，他喘不上气来，觉得恶心。"他带着不祥的预感走进家门。"今天真是见鬼了，"他想，"有什么事要发生了。"他走进父亲的书房。"我在心里偷偷许愿，希望父亲能在隔壁房间发出些响动，然后到这个房间里来，打破我中的魔咒。"不过，没人进来，于是男孩一个接一个地打开了父亲的抽屉。"我是个罪犯，这种感觉让我的胃缩成一团，指尖发凉。我甚至不知道自己究竟要做什么。"在其中一个抽屉里，男孩发现了一串糖渍无花果，接着——好像是为了打破那紧张的气氛一般——男孩扯下了几个无花果，塞进口袋，然后"砰"地把抽屉关上，最后在惊恐和羞愧中逃出了房间。

另见：施舍狂　偏执狂　购物狂　囤积癖

纽扣恐惧症 Koumpounophobia

苹果公司联合创始人史蒂夫·乔布斯（Steve Jobs）尤其爱穿高领套头衫——他患有纽扣恐惧症（koumpounophobia），害怕各式各样的扣子（"koumpouno"在现代希腊语中是"扣子"的意思）。据设计工程师亚伯拉罕·法拉奇（Abraham Faraq）说，乔布斯对纽扣的恐惧也影响了他对机器按钮的态度。法拉奇回忆，20世纪90年代，乔布斯无意间看见了一只鼠标，那是一个还没来得及安装按钮的原型机。"这个东西太棒了，"乔布斯说，"我们应该把所有按钮都去掉。"按照他的要求，工程师连忙设计了一款没有按钮的鼠标。同样，也有许多人说苹果手机的触屏设计也"得益于"乔布斯对按钮键盘的厌弃。

纽扣恐惧症患者讨厌纽扣的触感。莉萨·克罗斯（Lisa Cross），一位来自德文郡[1]的微生物学家，告诉《卫报》她从小就讨厌纽扣。她尤其讨厌光滑的塑料纽扣和松动的扣子。"除了呢子大衣的棒形纽扣和牛仔裤的金属纽扣，其他扣子都让人讨厌。掉在地上的扣子更是可怕，孤零零的，不跟任何一块布料沾边。要是扣子里还塞有棉花，那真是最可怕的了。"

部分患者能明确说出是什么触发了他们对纽扣的恐惧。一位女性患者的母亲从小到大不停地提醒她小心纽扣，她的母亲是一

1　位于英格兰西南部。——译者注

名裁缝，她担心女儿把纽扣放进嘴里，引起窒息。另一位男性患者记得他小时候曾盯着牙医衬衫上的纽扣看了许久，当时，医生正在给他补牙，过程很痛苦——或许纽扣让他想到了牙齿，就好像牙齿和牙龈间连着细线，牙齿碰到牙医的金属盘，会发出咔嗒的声音。扣子和衣服的关系就像牙齿和身体一样：它们都是会松动、掉落的部分。或许准备掉落或已经掉落的扣子不仅意味着丢失，那更是一种暴露，一扇因疏忽而打开的门。

据美国迈阿密的一个9岁西班牙裔男孩回忆，他对纽扣的恐惧是从幼儿园美术课上不小心弄翻一大碗纽扣开始的。自那以后，他就不愿再穿有扣子的衬衫上学，也开始害怕一切有扣子的东西。纽扣总让他想起那个失控的可怕场面。不仅如此，它还象征着束缚：纽扣被固定在校服上，这也意味着它们会被带进教室——那个让他害怕的地方。许多纽扣恐惧症患者认为扣子有毒，会把他们弄脏。2008年，汉普郡[1]居民，22岁的吉莉恩·林金（Gillian Linkins）在接受《都市报》（*Metro*）采访时说："我觉得扣子就像蟑螂一样，触碰它们让我觉得难受、肮脏、恶心。"

心理学家正在努力探究纽扣恐惧和生理厌恶间的联系。2020年，斯坦福大学的研究人员分析了一名29岁亚裔女性的案例，这名女性讨厌纽扣，尤其挂在衣服上和掉在地上的纽扣；她不仅表现出对纽扣的恐惧和厌恶，对按钮也表现出"显著提升的

---

[1] 位于英格兰东南部。——译者注

早期注意力"，这是一种警觉状态，一般只针对蟑螂、血液等与"生理相关"的事物。斯坦福大学的研究团队希望弄清纽扣恐惧是否是密集恐惧的一种（对成簇孔洞的厌恶），结果发现，和20多个扣眼挤在一起的纽扣相比，研究对象更恐惧的是4个扣眼整齐排列的塑料纽扣。由此可见，纽扣恐惧症患者害怕的是整颗扣子，而不是扣眼。

后来研究人员写道："这项研究首次证明了生理性恐惧的表现可能和没有威胁、没有感染风险、没有生物属性的物品引发的恐惧一致。"纽扣恐惧症患者回避纽扣就好像它们是某种疾病一样。

另见：棉花恐惧症　窒息恐惧症　牙医恐惧症　密集恐惧症

狂笑症 Laughing mania

20世纪60年代,长时间狂笑像传染病一样在非洲的学校里蔓延。罗伯特·巴塞洛缪和鲍勃·里卡德(Bob Rickard)在《校园群体性癔症》(*Mass Hysteria in Schools*, 2013)中写道,这种病症的首次暴发可以追溯到1962年1月,地点是坦噶尼喀(坦桑尼亚旧称)卡沙沙地区的一所基督教会学校,这间寄宿制学校就在维多利亚湖边。一天,学校里的三名女生突然不受控制地大笑、哭泣、再次大笑,而且这种表现似乎还会传染——每天都有更多的学生出现同样的症状。一些学生变得焦躁不安、举止狂暴、在操场上疯跑,说有东西在追赶他们;还有学生说有东西在他们脑子里动来动去。

3月,学校因"笑病"(当地方言称endwara ya Kucheka)太过严重,不得不暂时关闭,让女孩们回家修养。5月,学生的病情有所好转,学校也重新开放,但孩子们一回到学校,又笑又哭的毛病就又回来了。此后的18个月内,当地有超过1000名儿童染上了狂笑症,其中一些儿童还一边笑,一边大哭、狂奔。一个调查小组到当地排查了食物中毒和病毒感染的情况,但没有找到任何证据。女孩们的父母认为,这是祖先的灵魂在通过她们传递信息。

1966年,狂笑症再度暴发,维多利亚湖边的两所学校被迫关闭。"这种病像野火一样在学生间疯狂蔓延,尤其女生,"卫生部的一名官员对《纽约时报》说道,"开始是一个女生笑得前仰后合,紧跟着,其他女生也纷纷'效仿'。大家拿她们没办法,只好把她们分开几个星期。"接下来的十年间,乌干达、赞比亚和博茨瓦纳北部都有各级学校陆续报告了狂笑症案例。

19世纪以来——也可能更早——这种心因性疾病就一直困扰着学生,尤其青春期女孩。它的传播方式似乎是无意识的模仿。1893—1904年在瑞士巴塞尔,1905—1906年在德国梅森,数十名女学生出现了颤抖的症状。1965年,兰开夏郡布莱克本的一所中学里,85名女学生突然晕倒、抽搐,被送去了医院;2001年,在泰国参加夏令营的大约100名学生表示呼吸困难,有人说他们可能是撞了鬼;2011年,纽约州勒罗伊的一群少女突然开始一齐扭动、抽搐;2014年,哥伦比亚埃尔卡门也发生了少女集体抽搐、晕厥的事件。

神经病学家苏珊娜·奥沙利文(Suzanne O'Sullivan)写道,这些群体狂热说明,一种疾病可能同时包含社会、生理、心理等多方面因素。"有时,"奥沙利文说,"医生只顾着检查病人的大脑,却忽略了让他们生病的社会因素。或者,他们也可能是有意避开病人的社交生活,害怕别人说他们把生病的原因怪在病人本人、他们的家人或社会身上。"奥沙利文指出,青少年学生尤其容易得"社会传染病",而且,媒体的关注只会进一步加剧、加速、延长疾病的传播。奥沙利文曾到世界多地研究群体狂热,多年的经验让她产生了这样的想法:"想要消灭这些疾病或许从根本上来说就是错误的，因为就我见过的许多人而言，心理疾病起到了至关重要的作用。对于内心的冲突，用行为表达有时比用言语更容易控制，也更容易做到。"她呼吁人们用心解读这些无意识行为背后的含义。

坦桑尼亚的儿科医生G. J. 易卜拉欣（G. J. Ebrahim）认为，20世纪60年代在非洲中部和东部暴发的狂笑症来源于社会变革导致的焦虑。孩子们在家里接触的是传统、保守的部族思想，但教会学校教给他们的却和父母、祖父母所说的完全不同。与此同时，许多家庭在政府的强制要求下，从狭小的农庄搬到了集中规划的城中区，他们被迫离开了世代居住的土地，远离了祖先的墓地和庇佑。在社会剧变和青春期导致的心理、情绪变化的共同作用下，孩子们奔跑、哭泣、狂笑。

另见：披头士狂热　狂舞症　恶魔附身妄想症　皮划艇恐惧症

忧郁症　Lypemania

让-艾蒂安·埃斯基罗尔在1838年出版的著作中写道，忧郁症是病态的哀伤，那种令人窒息的悲痛近似本杰明·拉什所说的"抑郁症"。虽然埃斯基罗尔发明的"忧郁症"一词没有流行开来，但他对这一病症的分析为后来的人们理解临床抑郁症奠定了基础。在他研究的案例中有一位"W 小姐"。1804 年，W 小姐大约 16 岁，她的儿时玩伴昂吉安公爵（duc d'Enghien）突然去世了，她也因此陷入了深深的忧郁。拿破仑·波拿巴（Napoleon Bonaparte）[1]怀疑公爵密谋推翻政府，于是命人暗杀了他。当 W 小姐得知公爵被刺的消息，她浓密的头发变成了白色，蓝色的大眼睛也变得呆滞无神。她不再说话，被人从尚蒂伊城堡（Château de Chantilly）[2]的家中送到了巴黎的萨尔佩特里埃（salpêtrière）精神病院[3]。在医院，W 小姐整日坐在床头的长枕上，她细长的双腿蜷缩起来贴着腹部，肘肘支在膝盖上，右手托着下巴，眼睛望向窗外，喃喃自语。

埃斯基罗尔以希腊神话中悲哀之神律沛（Lypē）的名字命名了忧郁症（lypemania）。她的母亲——纷争女神厄里斯一共有 3 个女儿，另外两个分别是痛苦和悲伤之神阿霍斯和阿尼娅。

另见：嗜酒症 偏执狂 孤独恐惧症

---

1 拿破仑·波拿巴（1769—1821），即拿破仑一世（Napoléon I），出生于科西嘉岛，19 世纪法国军事家、政治家，法兰西第一帝国的缔造者。——译者注
2 尚蒂伊城堡，位于法国巴黎郊区。——译者注
3 萨尔佩特里埃医院位于巴黎第 13 区，最初是军工厂。Salpêtrière 即硝石，是制造火药的重要原料。1656 年，路易十四下令将此处改造成女子医院，专门收容巴黎的落魄妓女和患有精神疾病的穷苦女病人。不久，现代精神病学先驱菲利普·皮内尔医生在这里进行了精神病治疗的人文主义改革，使这里成了欧洲著名的精神病研究医院。——译者注

夸大狂　Megalomania

夸大狂（megalomania）——来自希腊语"mega"，意思是"大"——一般形容对权力或对绝对控制的渴望。这个词最早出现在法国。1866年，人们用mégalomanie形容那些妄想自己十分伟大的人。妄想是精神病的常见症状，一半的精神分裂症患者和三分之二的双相情感障碍患者都有这一表现。发病时，患者会出现亢奋多动、语速加快、思维活跃、情绪反复的症状。

2018年，英国作家霍拉肖·克莱尔（Horatio Clare）和家人在奥地利因斯布鲁克滑雪旅行时，突然说自己是军情六处[1]的特工，正在执行一项打击国际间谍的任务。为了拯救世界，他还必须和澳大利亚流行歌星凯莉·米诺格（Kylie Minogue）结婚。"在那种疯狂的状态下，我的自我就像初升的太阳，"克莱尔在《重光》（Heavy Light，2020）中写道，"四射的光芒驱散了其他一切想法……我感到自己体内充满了光，它让我感觉自己拥有知识、权力、地位；我从其他人的眼神中看出，他们也能看到我的光芒……这让我兴奋，也让我疲惫。"

19世纪的一些夸大狂患者认为自己是拿破仑、圣女贞德或耶稣基督。2005年，英国的一名患者告诉研究人员，他是时任

1　指军情六处，全称是英国陆军情报六局（Military Intelligence 6），与克格勃（苏联国家安全委员会，现为俄罗斯联邦安全局、美国中央情报局、以色列摩萨德并称"世界四大情报机构"。——译者注

首相托尼·布莱尔（Tony Blair）的堂兄。另一名患者说："我是上帝，我创造了宇宙，我是菲利普亲王的儿子，我是个有名的DJ，我有着和超人一样的能力。"更有一位患者认为自己是科学天才。"我朝灯泡上吐口水，"这名男子在2009年说道，"好观察唾液蒸发时的颜色和形状，这能让我找到治愈癌症的方法。"夸大狂很少导致暴力问题，不过，1996年，身家百万的富翁慈善家、摔跤爱好者约翰·杜邦（John du Pont）在费城杀死了自己的朋友戴夫·舒尔茨（Dave Schultz）。杜邦一会儿说自己是达赖喇嘛，一会儿说自己是中央情报局的特工或俄国的末代沙皇。

另见：自大狂 被爱妄想症 说谎癖 富豪妄想症 / 冥王星狂热

小体妄想症　Micromania

1899年，人们用小体妄想症（来自希腊语"mikros"，意思是"小"）来形容妄自菲薄或病态的自我贬低行为。但在1879年，也就是这一词汇刚刚诞生的时候，它指的是人们感觉自己或身体某个部位变小了的错觉。1920年，法国总统保罗·德沙内尔（Paul Deschanel）拒绝了一切外出活动，因为他坚信自己的脑袋缩成了橙子大小。

在刘易斯·卡罗尔（Leweis Carroll）的小说《爱丽丝漫游奇境记》（*Alice's Adventures in Wonderland*，1865）中，爱丽丝看到了一只标有"喝我"的瓶子，她喝下里面的液体，然后就缩小了。"我好像被关进了望远镜里。"爱丽丝心想，她站起身来，发现自己只有25厘米高。接着，她又咬了一口写着"吃我"的蛋糕，瞬间，她变成了一个巨人。后来，一只蓝色的毛毛虫给了爱丽丝一个蘑菇，爱丽丝吃了一口，"下巴立刻变长，一直垂到了脚上"。

1952年，美国精神病学家卡罗·利普曼（Caro Lippman）猜测，刘易斯·卡罗尔对爱丽丝一会儿缩小，一会儿变大的描写或许与他的偏头痛有关。利普曼有几位病人都因为偏头痛出现过幻觉。其中一位女性说，在头疼快要发作和正在发作的时候，她感觉自己只有大约30厘米高，如果不照镜子，她就会一直这么认为。

另见：夸大狂

偏执狂　Monomania

埃德加·艾伦·坡（Edgar Allan Poe）[1]是首位在小说中使用"偏执狂"一词的作家，在他的短篇故事《贝蕾妮丝》（*Berenice*，1835）中，以第一人称登场的主人公对未婚妻的牙齿有着病态的执念——他活埋了未婚妻，并把她的牙齿一颗不剩地敲了下来。这位主人公说，癫狂使他怒不可遏："我拼命反抗它强大而怪异的影响，可惜都是徒劳。这世上再没有什么能吸引我的注意，我的全部心思都在那排牙齿上。对它们，我只有疯狂的渴望。"

精神病学家让-艾蒂安·埃斯基罗尔在1810年前后提出了"单狂"（monomanie）的概念，形容患有某种特定的强迫妄想症的人（"monos"在拉丁语中是"一个""单个""唯一"的意思）。埃斯基罗尔说，这些人在其他方面都表现正常，他们的疯狂只限于某一领域，而且难以捉摸，只有专业的医生才能发现。法庭上，偏执狂成了各路罪犯的脱罪理由。1846年，法国杂志《嘈杂声》（*Le Charivari*）[2]刊登了一幅奥诺雷·杜米埃（Honoré Daumier）的素描作品，画中的囚犯瘫靠在牢房墙上，旁边站着他的律师。"我很担心，"这名曾经的厨师沮丧地说道，"我一

---

[1] 埃德加·艾伦·坡（1809—1849），19世纪美国诗人、小说家、文学评论家，美国浪漫主义思潮的代表人物之一，代表作包括《黑猫》《厄舍府的倒塌》等。——译者注
[2] 《嘈杂声》是带有插图的法国讽刺日报，于1832年到1937年间发行。——译者注

共背着12项抢劫指控。""12项。"律师若有所思地说,"那就更好了,我可以说你有偏执狂。"

19世纪中叶,媒体把埃斯基罗尔创造的名词调侃为纵火、谋杀、盗窃、通奸、酗酒等行为的万能借口。尽管如此,偏执狂的概念还是在大众心里扎了根,陆续出现在许多小说中。比如在埃米莉·勃朗蒂(Emily Brontë)的《呼啸山庄》(*Wuthering Heights*, 1847)中,希斯克利夫对凯茜的爱就是一种偏执。在赫尔曼·梅尔维尔(Herman Melville)的《白鲸》(*Moby-Dick*, 1851)中,船长亚哈(Ahab)执着于向一头鲸鱼寻仇。而安东尼·特罗洛普(Anthony Trollope)的《醋海风波》(*He Knew He Was Right*, 1869)则描写了一位嫉妒心太强的丈夫——特里维廉(Trevelyan)始终对妻子与另一个男人的友谊耿耿于怀。

"我可能是偏执狂",这一疑虑可能发展成严重的自我怀疑。在《奥德利夫人的秘密》(*Lady Audley's Secret*, 1862)中,玛丽·伊丽莎白·布雷登(Mary Elizabeth Braddon)描写了一个年轻男子,他执着地想要证明叔叔的年轻妻子杀了人。"这是告诫还是偏执?"男子问自己,"要是我错了呢?要是我一点点拼凑起来的证据链不过是愚蠢的错误呢?……哦,我的上帝啊,如果这些全是我自己想象出来的,那可怎么办。"布莱顿塑造的角色借鉴了一位真实存在的人物——苏格兰场[1]的警探杰克·惠

---

1 苏格兰场(New Scotland Yard),英国首都伦敦警察厅的代称。——译者注

彻（Jack Whicher）。杰克一直在努力侦破1860年发生在威尔特郡路希尔庄园的3岁男童谋杀案，可惜对案件的执着压垮了他的神经，1864年，他因"脑充血"而从警队提前退休了。

现在，偏执狂不再是一种正式的病症，这既由于一般的痴迷和病态的迷恋间界限模糊，又由于几乎没有一种精神疾病只有单一的症状。不过，仍有少数几个特定偏执狂被保留了下来，比如盗窃癖和纵火癖，通常它们会被归为强迫症或冲动控制障碍。

偏执狂之所以诱人，或许是因为这一概念是经典文学理念再加工的产物——人们用现代医学对"一个悲剧性的瑕疵足以毁掉一个人"的经典桥段进行了改造。2018年，学者林赛·斯图尔特（Lindsey Stewart）对偏执狂进行了深入研究，提出埃斯基罗尔的这一概念来源于心理学的不断普及。"牧师和医生曾是非常小众的职业，"斯图尔特写道，"而心理健康正逐渐成为大众话题。印刷业飞速发展，偏执狂的确诊数量也在不断激增，越来越多的人学会了纸上谈兵，自诩医生。"偏执狂的概念让人们意识到理性的人也可以兼具些许的疯狂，偏执狂可以形容痴狂的爱、痛苦的嫉妒、无意识的冲动和病态的沉思——这些都是理智之人的疯狂。

另见：藏书癖 恶魔附身妄想症 抠皮症 嗜酒狂 被爱妄想症 杀人狂 偷窃癖 忧郁症 慕男狂 购物狂 纵火狂 毛发狂 拔毛癖

孤独恐惧症　Monophobia

孤独恐惧症，即害怕无人陪伴，这一表现最早于1880年由乔治·米勒·比尔德确定为一种恐惧症。1897年，格兰维尔·斯坦利·霍尔将一位讨厌独自在家的女性确诊为孤独恐惧症。那位女性说，当她一个人在家时，一切都让她沮丧、厌烦，农舍里一片寂静，只有钟表发出嘀嗒的声音。"那感觉就像所有人都死了一样，"她说，"我会一个人唱歌，做一些稀奇古怪的事，一直盯着钟表看，担心有什么荒谬可怕的事情发生。我甚至会跑到牲口棚里去，让动物陪着我，或是到花园里，和花草待在一起。"

另见：忧郁症　黑夜恐惧症　寂静恐惧症

恐鼠症　Musophobia

人类对老鼠的恐惧——即恐鼠症（musophobia），来自希腊语"mus"（老鼠）——或许源自我们对可能污染食物、传播疾病的生物的天然警惕。恐鼠症通常以一次惊吓为起点——一只毛茸茸的小东西突然从眼前蹿过——然后被社会对这种动物的普遍态度进一步巩固。在中世纪传说《花衣吹笛人》（*Pied Piper of Hamelin*）中，老鼠是流窜的死神。每当动画中有老鼠出现时，人们就会被吓得尖叫着跳起来。1909年，西格蒙德·弗洛伊德分析了一个著名的案例，一位年轻律师听说中国有一种酷刑，人们把老鼠绑在罪人的屁股上，让它啃罪人的肛门，自那以后，他就患上了恐鼠症。

在西班牙内战中，乔治·奥韦尔（George Orwell）被老鼠吓坏了。他曾在1937年睡在一间谷仓里，并在《向加泰罗尼亚致敬》（*Homage to Catalonia*，1938）中写道："那肮脏的东西从四面八方涌来。"一天，他在战壕里看见身旁有一只老鼠，被吓了一跳，举起手枪就把老鼠打死了。听到枪响，共和军和国民军都以为对方发起了进攻，于是开始反击。随后的战斗毁掉了他所在部队的食堂，还有两辆运送士兵去往前线的大巴车。

在奥威尔1949年的小说《1984》中出现了"鼠刑"的变体。面对拷打和电击，故事主人公温斯顿·史密斯（Winston Smith）始终不愿出卖自己的女友茱莉娅，但监狱看守还有其他办法对付他。"你见过老鼠跳起来的样子吗？"负责折磨他的看守在101号房间发问，提起一只装有两只老鼠的笼子在他面前摇晃，"它们会扑到你的脸上，使劲往里钻。它们可能先咬掉你的眼睛，也可能在你的脸上打洞，然后钻进去咬烂你的舌头。"当温斯顿闻到那"野兽发霉般的臭味"，感到笼子的铁丝擦过他的脸颊时，他立刻把爱人供了出去。"去折磨茱莉娅！"他惊恐地叫喊着，"折磨茱莉娅！别折磨我！茱莉娅！我才不管你们怎么对她。撕烂她的脸,扯掉她的肉。放过我!去折磨茱莉娅!别折磨我!"

另见:毛皮恐惧症 动物恐惧症

不洁恐惧症　Mysophobia

美国精神病学家威廉·亚历山大·哈蒙德在1879年提出:"不洁恐惧症(mysophobia)是一种精神疾病……其主要特征是对脏污有一种病态的、强烈的恐惧。"哈蒙德以希腊语"musos"(不洁)为基础创造了这一术语。据他说,过去10年,他总共接诊了10位患有这种病症的人。

1877年,一位名叫"MG"的30岁的富裕的寡妇找到哈蒙德,说自己6个月前在报纸上读到了一篇文章,文章说有人因为钞票而感染了天花。"这件事给我留下了极深的印象,"她解释道,"因为几分钟前我刚刚数完一大把钞票,我突然想到,那些钱可能也被患有某种传染病的人摸过。"她仔细洗了手,睡前又再洗了一遍,但躺在床上时,她心里还是不安。早上起来,她又仔细洗了手。突然间,她想起自己把钞票放在了梳妆台放亚麻内衣的抽屉里,她赶忙把那些衣服全部送去了洗衣店,换上了另一个抽屉里的衣服。她还戴上了手套,把钞票装进信封,让仆人用肥皂和清水把梳妆台里里外外刷洗了一遍。

不一会儿,MG又想到,她在摸过钞票后,还接触了许多其他的东西,这下,那些东西都可能是感染源了。"危险依然存在。"她赶忙脱了裙子,因为前一天穿的也是那条,然后换上了一条新的。"接着,"她说,"我开始处理其他东西,一样接着一样,根本没有尽头。我把日常接触的东西都洗了,然后洗手。但是水也有可能被污染。虽然我洗完手会认真擦拭,但不论怎样,总会有一些脏东西残留在上面,我要把手彻底洗净,所以只能一次又一次地重复。"

MG不再阅读,因为她害怕书页和报纸会感染她,如果没有手套,她也不愿和别人握手。"最近,我觉得手套也不能保护我了,"她告诉哈蒙德,"我知道它们是透气的。"哈蒙德注意到,MG说话的时候一直在摩挲双手,好像要把脏东西弄掉似的。哈蒙德用手测了测MG的脉搏,结束后,MG从口袋里掏出一块手帕,用古龙水蘸湿,擦了擦哈蒙德刚刚碰过的地方。之后,她把手帕收进了另一个口袋,那是专门用来放"脏东西"的。MG说,她不是害怕某种特定的疾病,而是"有一种强烈的感觉,我会在不知不觉中被感染,这让我很有压力"。

哈蒙德的另一位病人——"F小姐",一个18岁的苗条女孩——在1877年得了严重的头虱,之后便患上了不洁恐惧症。"渐渐地,"哈蒙德写道,"她坚信自己一定会被感染——她身边的人或物会以这样或那样的方式弄脏她。"F 小姐于 1879 年找到哈蒙德，那时，恐惧已经严重影响了她的生活。一天下来，F 小姐什么都干不了，她不是在洗漱，就是在打扫——"她的生活是由烦恼、焦虑和恐惧串联起来的，"哈蒙德说，"她对每个人、每件事都心存怀疑。"走在街上，她会用手把裙摆收拢，不让它碰到其他人。她总是花几个小时检查、清理梳子和刷子，每天洗手超过 200 次，晚上脱衣服的时候也尽量不碰到它们——她让仆人替自己解开衣带，任由衣物滑落，然后让仆人捡起，拿去清洗。她知道，自己的衣服在洗衣房会和别人的衣服放在一起。"但她想不出可行的办法去解决这个问题，"哈蒙德写道，"这让她很不开心。"

和 MG 一样，F 小姐也说不出害怕的具体对象。"她就是觉得有什么东西会神不知鬼不觉地损害她的身体，而那些东西会通过手或其他部位侵入她的体内。"

对泥土的恐惧并不罕见。19 世纪 30 年代，埃斯基罗尔接诊了一位法国的"F 小姐"，那是一位 34 岁，有着红褐色头发和蓝色眼睛的高个子女人。这位女士极力回避一切物品，包括她自己的衣服，她总在搓手、洗手、抖动书本和织物，好除去上面的灰尘，她还专门让一个女佣用勺子把食物喂进她的嘴里。和向哈蒙德求助的那些女士一样，F 小姐很清楚自己的行为是不理智的。"我的担心荒谬而可笑，"她说，"但我控制不了。"

19 世纪下半叶，科学家发现看不见的微生物也可以传播疾病，这使得人们对污染物的恐惧变得更加普遍。同时，哈蒙德把这一表现定义为一种精神疾病。唐·詹姆斯·麦克劳克林指出，传染病媒介似乎无处不在，而人们对这些媒介的恐惧就和这些微生物一样，四处飘散。这种病症的名称也在激增——除不洁恐惧症外，它也被称为细菌恐惧症。

尘土恐惧的背后可能隐藏着各式各样的痛苦。1880年，艾拉·罗素（Ira Russell）医生接诊了一位47岁的学士，一位哈佛医学院的毕业生，自从弟弟在他怀里突然去世，他就出现了肮脏恐惧。这位病人极力避免触碰门把手、椅子和其他家具，他每天晚上的洗漱时间长达几个小时。19世纪90年代，弗洛伊德见到了一位不停洗手、只用手肘接触门把手的女性。"我称这位病人为麦克白夫人，"弗洛伊德写道，"洗手是具有象征意义的，她想用身体的洁净来弥补道德上的缺憾。她为自己的不忠行为懊悔不已，并因此折磨自己，决心将这段记忆从脑海中抹去。"

弗洛伊德进一步阐释了人们难以戒掉这些重复行为的原因："对于这些强迫行为，比如洗手或其他'仪式'，不论是他人制止，还是患者自己停下的，他们都会因此陷入恐慌，然后再次出现强迫行为。我们已经知道强迫行为的背后是恐惧，而这些行为正是出于对恐惧的回避。"弗洛伊德指出，强迫行为的根源是患者的"奇思妙想"。不洁恐惧症患者害怕他们的感觉和愿望会泄露出去，也害怕外界的影响侵入身体。反复地洗漱是为了阻挡污染物，不让它们突破身体这道存在漏洞的屏障。

在治疗方面，哈蒙德让病人服用一溴化物镇静剂，弗洛伊德则试图找出患者无意识的幻想。20世纪后期，心理学家开始尝试行为疗法。1975年，英国精神病学家艾萨克·马克斯接诊了一位每天至少洗手50次的女性，她每周都要用掉7大包肥皂片。她会把"被污染的"衣服全扔了，但又没有足够的钱添置新的，为了逃离"被污染的"环境，3年里，她搬了5次家。马克斯写道，她把许多地方和肮脏联系在一起，尤其一个叫贝辛斯托克[1]的英国小镇："仅仅是这个地名就让她想要洗漱。"治疗过程中，马克斯陪她去了那个可怕的小镇，那趟旅程"是一次彻头彻尾的污染，患者陷入了深深的沮丧，甚至想放弃治疗"。不过，马克斯补充道，那位女士的抑郁情绪在24小时后有所好转，并坚持完成了治疗，最后，她彻底告别了重复洗漱的行为。

2019年年中，艺术家卡桑德尔·格林伯格（Cassandre Greenberg）在伦敦北部的一间精神科医院接受暴露治疗，因为她对肮脏、呕吐、恐惧和对干净的追求都达到了病态的程度。但2020年2月，她的治疗被迫中断了，因为新冠肺炎疫情在英国暴发，医院只提供紧急救治的服务。同时，政府开始要求人们采取各项防疫措施——那些格林伯格想要摆脱的行为。

"洗手突然变成了拯救国家的行动，"格林伯格在《白色评论》（*White Review*）上发表文章，"人们蜂拥超市抢购抗菌皂，

---

[1] 英格兰汉普郡东北部的一座古老市镇，如今是重要的经济中心，也是华为等国际知名公司的欧洲总部所在地。——译者注

我的'病态'成了新的'健康'。"她看着人们努力想要养成"我用来抵抗危险的行为习惯。但一直以来,我觉得是自己把危险夸大了,是我的精神异常导致了那些行为和想法。曾经的'病态'被重新定义为理智和负责的表现"。突然间,人们开始提倡这种在不久前还被看作过度恐惧细菌、讲究干净的"怪癖"。

当危险的病毒在全球快速传播时,不洁恐惧症患病人数的上升似乎也在情理之中。已有研究证明,新冠肺炎疫情的暴发加剧了多种强迫症的病情。弗雷德里克·阿德马(Frederick Aardema)在2020年发表于《强迫症与相关疾病》上的文章中写道:"强迫洗手的人害怕的不是身体,而是精神上的伤害:细菌是亵渎的象征,强迫反复洗漱的目的'是保护精神,而不是肉体'。"一位强迫症患者告诉阿德马,比起对感染上新冠肺炎的恐惧,她更多是一种安心,因为周围的人都在和她做一样的事。"她不再因为戴着防护手套而感到尴尬,"他写道,"也不再害怕拒绝握手。"

在新冠肺炎疫情暴发初期,人们极其迅速地重新定义了理性。"我看着周围人的恐惧不断外化,"格林伯格写道,"这完全颠覆了我对精神'健康'和'疾病'的认知。这是历史事件改变人类认知和行为的实例。害怕成了常态:害怕是正常的、谨慎的、明智的。现在,强迫症成了关爱自己和他人的一种方式。"

另见:洗漱恐惧症　计数癖　抠皮症　呕吐恐惧症　接触恐惧症　密集恐惧症

说谎癖 Mythomania

在 1905 年的一篇论文中,法国精神病学家埃内斯特·迪普雷(Ernest Dupré)以希腊语"muthos"为基础,将习惯性夸大事实和说谎的病态行为取名为"说谎癖"(mythomania)。迪普雷指出,真正的说谎癖是无目的的,患者要么真的相信自己说的话,要么明知是说谎,但管不住自己。说谎癖患者总在幻想和现实间徘徊,他们像孩子一样,在有意的谎言和白日梦间自由穿梭。这一病症也被称为假性幻想症[即 pseudologia fantastica,由安东·德尔布吕克(Anton Delbrück)于 1901 年命名]或病理性说谎。有明确记录的案例包括:19 世纪末,一名女佣在奥地利和瑞士游荡,她一会儿自称穷苦的医学生,一会儿自称是罗马尼亚的公主;1993 年,一名法国男性撒谎说自己杀害了妻子、孩子和父母。

"病态说谎者,"波兰精神分析学家海伦妮·多伊奇(Helene Deutsch)在 1922 年写道,"把白日梦和幻想当成了现实。"她的一名女性病人说自己在青少年时期曾和一个年长的男孩有过一段虐恋,她还有一本日记,专门记录两人的风流韵事。多伊奇知道这名患者的所谓经历不过是编造的故事,但她更在意患者说谎的目的。后来多伊奇发现,这名患者的哥哥在她 3 岁时性侵了她。这段被压抑的记忆变成了一段虚构的故事,以身体病症的形式表现了出来。在 20 世纪 30 年代的英国,匈牙利猎鬼人南多尔·福多尔（Nandor Fodor）相信那些自称拥有超自然力量的女人——比如伦敦的阿尔玛·菲尔丁（Alma Fielding），这位家庭主妇身边经常发生闹鬼事件——不过是用编故事的方式讲述着隐藏的秘密。

"一种普遍存在的观点认为，"多伊奇写道，"说谎的人之所以编造故事，是为了让听众羡慕、嫉妒自己。"但据她观察，其实说谎癖患者"只想与人交流，并不在意别人的反应"。他人的积极反馈更像是"附赠品"。"从这点来看，"多伊奇继续写道，"这些爱幻想的说谎者就像创作型作家，他们不会在创作时思考这部作品会不会成功，更不会像某些低劣的艺术家那样为了迎合大众而改动自己的作品。"说谎癖患者就像小说家，他们创作的动力是逃离或探索自我的冲动。

2015年，法国精神分析学家米谢勒·贝特朗（Michèle Bertrand）见到了一位名叫亚历克斯（Alex）的病人，那是一个身材高大的年轻人，驼着背。他这样评价自己："夫人，我是个骗子！"亚历克斯告诉贝特朗，自学生时代起，他就在努力掩饰自己阅读障碍的缺陷，他假装学识渊博，但其实几乎不会读写。每当感到实情将要败露，他就会辞掉工作，或是与恋人分手。亚历克斯饱受焦虑和愧疚的折磨，但他还是继续编着自己的故事。"说谎癖患者，"贝特朗写道，"没有成功构建起稳定的自身形象。他们不知道自己是谁……他们说谎不是为了掩饰真实的自己，而是……为了获得生活的意义、存在的目的、稳定的形象。如果撕掉伪装，他们在自己眼中就什么都不是了，这也是他们无法停止说谎的原因。"

在《咨询室的秘密》（*The Examined Life*，2013）中，精神分析学家斯蒂芬·格罗斯（Stephen Grosz）记录了一位电视制片人菲利普的病情，这名患者因为病理性说谎而被转介给了格罗斯。菲利普告诉妻子自己患了肺癌，对女儿说自己会讲法语，又向岳父透露自己曾入选英国男子射箭队的预备队。这些谎言很快就露馅了。菲利普最早的谎言之一——在他十一二岁的时候——是告诉校长MI5[1]录用了他，要把他训练成一名特工。治疗开始后不久，他就由于欠缴房租的原因而对格罗斯说了谎。格罗斯对这位患者明目张胆、毫无意义甚至荒谬可笑的谎言感到困惑，直到菲利普说出了一段童年记忆。大约从3岁起，他经常在半夜醒来，发现自己尿湿了床。第二天一早，他会把前一天晚上的湿衣服藏到床单底下，可到了晚上，他总会发现枕头下面放着干干净净、已经叠好的睡衣：母亲在白天把脏衣服拿走并洗干净了。母亲从未提过尿床的事，没有责备过他，也没有把这件事告诉他的父亲。这个沉默的循环一直持续到母亲在他11岁时去世。

后来，菲利普不再尿床，但格罗斯猜测这是因为病态说谎代替了尿床的毛病。"他用谎言制造麻烦，"格罗斯写道，"希望听众沉默不语，就像他的母亲一样，成为他秘密世界的同伴。"

---

[1] MI5即英国"军情五处"，英国国家安全局。——译者注

他说谎的目的不是欺骗,而是建立一种同谋关系。"他用这样的方式维持那份熟悉的亲密,就好像要牢牢抓住他的母亲。"

有时,说谎癖的诊断结果可能出自否认事实的目的。1915年,病态说谎的第一部专著面世,儿童心理学家威廉(William)和玛丽·坦尼·希利(Mary Tenney Healy)在书中记录了他们在芝加哥接诊的部分说谎癖案例。其中一名患者是9岁的贝茜·M(Bessie M),这个女孩告诉照顾她的一名女性,说好几个男人曾经性侵过她,包括她的父亲和哥哥。贝茜的监护人"S夫人"报了警,警察以乱伦罪起诉了贝茜的父亲和哥哥。当贝茜出庭做证时,她对事发经过做了可怕而具体的描述,但法官认为她的故事"有说谎的味道",而她哥哥的"举止"和"对他的严重指控完全不符"。

威廉和玛丽作为青少年犯罪专家在法庭上对贝茜进行了评估。他们得知贝茜5岁时随家人从爱尔兰搬到了芝加哥,而她的母亲和其他几个兄妹则死在了"老家"。之后的4年,女孩辗转了多个寄宿家庭,其中有6个月的时间她只能和父亲、哥哥睡在一张床上。贝茜说,她几乎和每一个寄宿家庭的男性都发生过关系。心理学家对她过于丰富的性知识感到惊讶,但他们同样指出,贝茜现在的监护人——S夫人,经常带贝茜出入剧院和影院,还鼓励她大声朗读,这可能让女孩产生了"对演戏的热爱"。一名医生给贝茜做了检查,发现她的处女膜完好无损,于是威廉和玛丽断定女孩的指控是一派胡言,并向法庭做了报告。

最终法官撤销了对贝茜的父亲和哥哥的指控,这让S夫人和其他出庭的女性愤怒不已。"这个女孩的第一个故事,"威廉和玛丽说,"讲得太精彩了。所以很多人相信她的父亲有罪。"

威廉和玛丽认为,是说谎癖让贝茜说出这样"损人不利己"的谎言。但后来人们发现,处女膜的状态并不能说明女性是否遭受过性侵。2010年一项针对儿童强奸案的调查显示,只有2%的性侵受害者有"明显损伤"。"处女膜检查,"多位性暴力案件的国际专家在2019年联合发表文章指出,"不能准确、可靠地证明当事人有性生活史(或遭受过性侵)。"贝茜的故事在S夫人和其他女性看来之所以那么真实,或许不是因为她有说谎癖,而是因为她说的本身就是事实。

另见:被爱妄想症 自大狂 富豪妄想症

无手机恐惧症　Nomophobia

　　无手机恐惧症（nomophobia）是对"没有手机的恐惧"（no-mobile-phone-phobia）调侃式的缩略，这一表达由英国邮局在2008年的一项针对手机用户的调查中首次使用。这项在手机面世25周年开展的调查发现，53%的受访者会在找不到手机、信号不好、电量或话费余额不足时感到焦虑，还有另外9%的受访者总在担心手机关机。调查报告指出，手机引起的焦虑丝毫不亚于婚礼和看牙医。

　　人们越来越依赖手机，这已经是世界各地的普遍现象。2012年的一项研究将手机形容为"21世纪最严重的非药物成瘾"。对于提振情绪，手机和赌博、酒精似乎有一样的效果——它们激活的是同一个神经生物学奖励和强化通路。但智能手机使用时间过长会加重焦虑和抑郁，引起手腕和颈部疼痛，影响睡眠、注意力的集中和学习表现。2014—2018年的多项全国性调查显示，过度使用手机在青少年当中尤其常见：就比例而言，英国约有10%，瑞士约有17%，韩国和印度约有31%。无手机恐惧症患者常常会经历"错失恐慌"和表现类似的"掉线恐慌"。

　　2014年，意大利精神病学家尼古拉·路易吉·布拉加齐（Nicola Luigi Bragazzi）和乔瓦尼·德尔普恩特（Giovanni del Puente）列述了过度依赖手机的表现。据两人观察，手机依赖症患者大都随身携带充电器，而且会有意避开剧院、飞机等无法使用手机的地方。他们会反复查看手机,永远保持开机的状态,晚上睡觉也把手机放在身边。许多人喜欢通过手机、而非面对面地与人交流,一些人总有手机震了或响了的"幻觉",更有人不惜借贷也要购买流量和手机。伴随着智能手机的快速更新,手机依赖症的判断标准也在不断发生改变,但布拉加齐和德尔普恩特认为,从本质上说,无手机恐惧症就是对技术断联的病态恐惧。

布拉加齐和德尔普恩特指出,手机承载着不同的情绪意义——它可能被当作保护壳或盾牌、一个虚拟的朋友、一种回避社交的手段(他们将这一现象归入"新技术悖论"的范畴,即电子设备能够同时联系、孤立我们)。2007年,人类学家安珀·凯斯(Amber Case)表示,手机为人类创造了一种"介于二者之间"的社会空间,在这个空间里,我们可以控制、调整公众面前的自己。例如编辑信息和发布照片,说什么、展示什么全由我们做主;即便是通话,肢体动作和面部表情等非语言信息也被"克扣"了。对无手机恐惧症患者来说,或许只有这个空间才能让他们安心,与他人的直接接触无异于可怕的暴露。

离开手机会让许多人感觉"不完整"。2014年,美国中西部的一所大学进行了一项实验,研究人员找来了40名使用苹果手机的学生,请他们放下手机,玩5分钟的找词游戏。研究人员把部分被试的手机收走,放到了另一个房间,其余被试的手机则全程放在他们面前。测试时,所有被试均单独作答。答题3分钟后,研究人员会根据报名表上的信息拨打他们的电话。所有参与测试的学生都按照要求忽略了铃声，但与手机放在面前的被试者相比，手机被放到隔间里的被试者血压上升更为明显，而且铃响时，后者的认识能力也有显著下降——他们找出的单词数量相对较少——焦虑和不适感则更强。研究人员猜测，所有学生都在想象层面"吸收"了自己的手机，他们无意识地把手机当作了身体的延伸，所以远离手机的被试者会像和自己的一部分分离了一样不安、分心。

现在，人们对手机的依赖程度越来越高，病态迷恋也越来越难以界定。自无手机恐惧症诞生以来，通过手机购物、博彩、与陌生人约见、导航、问诊、预约俱乐部和剧院门票、预订飞机和火车票以及观看电影、体育比赛和电视节目，此外还有翻译、查阅及发布新闻、管理健康和运动、读书、控制其他设备、验证身份、远程监控居所情况、与朋友和家人见面甚至工作都已经成为日常。害怕和移动设备分离似乎不再是病态的表现，而是一种合理的担心。

另见：孤独恐惧症　社交恐惧症　囤积癖　电话恐惧症

黑夜恐惧症　Nyctophobia

黑夜恐惧症（nyctophobia），源于希腊语"nyx"（夜晚），是对黑暗的过分恐惧。弗洛伊德认为，黑夜和孤独一样，是人类出生后最先恐惧的对象。他曾听说一个怕黑的孩子晚上朝隔壁房间喊："阿姨，和我说说话吧！我害怕！""可说话有什么用呢？"女人回答，"你看不到我啊！"孩子说："有人说话我就不觉得那么黑了。"其实孩子对黑暗的恐惧是对孤独的恐惧，弗洛伊德推测："黑暗中，孩子对陪伴的渴望转化成了对黑暗本身的恐惧。"

但怕黑并非与生俱来——毕竟在出生前的好几个月里，我们一直闭着眼睛，在母亲的子宫里"沉浮"——大部分人的黑夜恐惧从4岁以后开始。2001年，一项针对荷兰小学生的调查显示，73%的受访者在晚上感到害怕，其中85%是7—9岁的儿童。这些学生的家长严重低估了孩子对黑暗的恐惧程度——调查显示，只有34%的家长认为自己的孩子怕黑。

对于黑夜恐惧，我们的表达往往是间接的：在他人看来，怕黑的孩子可能只是动作拖沓，不愿自己入睡，而他们心中的恐惧只在他们关于盗贼、鬼魂、魔鬼的话语和夜晚哭闹或钻进别人被窝的行为中显露一丝痕迹。成年人的黑夜恐惧也可能比想象的更加普遍，因为它很可能被误诊为失眠或一般性焦虑。2012年，针对英国成年人的一项调查显示，40%的受访者害怕在黑暗的房间里走动，10%的受访者绝不在夜间离开床铺，哪怕是去厕所。

伊丽莎白一世[1]也非常怕黑,每天晚上都有一名专门的女仆陪她睡在"龙床"上。

黑暗恐惧是合理的。人类的夜视能力很差,在黑暗中更容易受到攻击,行动能力下降,反应速度减慢。夜晚醒来,就算我们的眼睛费力适应低亮的环境,眼前还是会出现模糊的黑影,仿佛是黑暗凝成的一般。"孩子们在暮色和黑暗中使劲地看,"格兰维尔·斯坦利·霍尔在1897年写道,"直到黑暗被具化为某种似乎可以触碰、切割的东西。"我们可能害怕外面的"大黑暗"像怪兽一样吞噬我们,他写道,而屋内的"小黑暗"更是"近在咫尺,令人窒息"的。1949年,精神分析学家乔治·德弗罗(George Devereux)指出,夜间的视力丧失同时带走了自我的重要组成部分——现实。"对黑暗的恐惧,"他写道,"在某种程度上是自我不愿被本能压制的表现。"当我们丧失视力,那个空缺就可能被非理性的恐惧和欲望填补。

本杰明·拉什有一个简单的方法可以治疗黑夜恐惧症。"给儿童以合适的教育,"他在1786年写道,"黑暗引起的恐惧是很容易克服的。这包括不让孩子在睡觉时点蜡烛,要求他们自己入睡。"现在,心理学家更推荐我们用讲故事、玩游戏的方式安抚受惊的儿童,减轻他们的焦虑(比如起初故事的主人公也害怕黑暗,但最终克服了恐惧;用手在墙上投下形似动物的影子;蒙

---

[1] 伊丽莎白一世(1533—1603),都铎王朝的最后一位英格兰及爱尔兰女王。——译者注

着眼睛寻宝）。孩子们还可以想象心中的英雄陪着自己完成"睡前仪式"："神探加杰特[1]感谢你帮助他完成任务，并为你颁发奖章。他带你回到房间，帮你脱去特制的卧底服，把你放到床上。然后你就睡着了……"

1980年，以色列心理学家大卫·A.基佩尔（David A. Kipper）用脱敏疗法治疗了两名黑夜恐惧症患者。其中一名是一位21岁的男性，他在以色列军队服役期间经历了创伤事件，此后就一直受噩梦折磨；另一名是一位13岁的女孩，她恐惧黑夜已经5年，但她唯一的可怕记忆是在12岁时听到隔壁公寓遭窃。两名患者都不愿待在黑暗的房间里，也拒绝在太阳下山后出门。这名男性只在白天睡觉，而女孩晚上睡觉时一定要开着灯，还要有人陪伴。

基佩尔把退役士兵带到了一条阴暗的街道，鼓励他放松，然后陪着他走了几步。之后，基佩尔加快脚步，与士兵拉开大约1米的距离，然后站住，让士兵跟上。每一次，基佩尔都会走得更远一些，等这名患者习惯他走开几百米以后，心理学家就彻底离开他的视野，躲到预先安排好的地方，等着患者过去找他。二人在后来的几周多次重复了这一过程，直到士兵可以独自在黑暗中行走。基佩尔对13岁的女孩也使用了同样的方法，取得了很好的效果，不过，为了让女孩在卧室里感到安全，基佩尔还是多花了些力气：一开始，他同意女孩把卧室门敞开，让外面的光线进

---

1 《神探加杰特》是20世纪80年代的美国动画片，广受儿童喜爱。——译者注

去，然后要求女孩每天把门多关上一点。

长久以来，黑暗一直是不法行为的保护色——犯罪、叛乱、性侵犯——也是无知和罪恶的象征。在《反思黑暗》(*Rethinking Darkness*, 2020)中，蒂姆·依登瑟(Tim Edensor)讲述了启蒙运动的科学家和哲学家呼吁人们摒弃非理性的黑暗，殖民者和传教士努力开化非洲"黑暗大陆"的故事。在基督教作品中，光象征救赎。"你们曾是黑暗，"圣保罗对以弗所人说，"但现在，你们沐浴着主的光，你们是行走在光里的孩童。"行为心理学家约翰·B.沃森(John B. Watson)表示，他之所以害怕夜晚，是因为儿时的一个护士曾告诉他，黑暗中潜伏着恶魔，随时准备将他拖下地狱。

依登瑟认为，或许我们应该让黑暗"回归"。在这个被电力点亮的世界，夜晚就像避风港。幽暗的洞穴和昏暗的房间为人们提供了远离监控的私密空间。在讨论恐惧的一篇文章中，格兰维尔·斯坦利·霍尔盛赞黑暗的创造力："如果没有了黑暗这所伟大的学校，如果眼睛像耳朵一样无法关闭，如果视觉像听觉一样无法感知黑夜，"他写道，"那么想象将不复存在。"自然作家约翰·塔尔梅奇(John Tallmadge)指出，黑暗不仅让我们的思维更加活跃，让我们的触觉、听觉、味觉、嗅觉更加灵敏。我们的身体"放松、舒展、呼吸，注意力向广阔的世界延展，就像植物把根茎扎进大地，把枝叶指向天空一般"。黑暗应当被珍惜。

另见：低恐惧症　偏执狂　海洋恐惧症　森林恐惧症

慕男狂　Nymphomania

慕男狂（nymphomania）是指女性无法被满足的性欲，这一名词来自希腊语"nymphē"，意思是"年轻女性"或"新娘"。1775年，让·巴蒂斯特·路易·德蒂萨·德比恩维尔（Jean Baptiste Louis de Thesacq de Bienville）的作品《女色情狂》（*Nymphomanie*）被译成英文，也把"女色情狂"的概念带到了英国和美国。历史学家卡罗尔·格罗曼（Carol Groneman）写道，在过去的几个世纪，人们一直认为女性和男性一样好色，而且女性的好色程度部分决定了她们的生育能力。不过，在工业化不断发展的社会背景下，女性更多地被定义为妻子和母亲，被要求向自我否定、道德纯洁的基督新教女性形象看齐。女性的任何一点性意图都被认为是过度的：这不仅包括自慰和发生婚外性行为的想法，哪怕只是希望和丈夫有更多（或更高质量）的性生活都是不应该的。

1856年，波士顿一位葡萄酒商人的24岁妻子"B太太"告诉霍雷肖·斯托勒（Horatio Storer）博士，说她总是做色情的梦，梦中出现的都是生活中与她相识的男人。她说，结婚7年来，她和年长许多的丈夫每晚都发生关系，直到最近。"丈夫认为问题出在妻子身上，"医生写道，"但妻子认为是丈夫有勃起障碍。"斯托尔医生将B太太诊断为慕男狂，建议她暂时戒断性行为，避开白兰地等一切会让人兴奋的东西，还要停止写作（当时她正在写一部小说），用硼砂溶液擦拭阴道。他警告 B 夫人，如果不控制住那些幻想，她可能会被送进精神病院。

医生一致认为慕男狂是器质性疾病，但他们不确定是生殖器还是大脑出了问题。他们推测，二者可能存在联系：女性生殖器官受到的刺激可以经由脊柱传到大脑，使人发狂，反之亦然。对于性欲旺盛的女性，医生通常会给她们开镇静剂，让她们洗冷水浴，或是给她们放血（例如将水蛭放在患者的会阴）。19 世纪末，一些患者还接受了外科手术，切除了卵巢、阴蒂或阴唇。

一些妇科医生对这些激进的干预措施持谨慎态度。1896 年，约翰·波拉克（John Polak）医生在布鲁克林见到了 29 岁的莉齐·B（Lizzie B），这个面色苍白、形容憔悴的女孩被父亲带到了咨询室。女孩的父亲说，10 年来，莉齐一直阴郁、孤僻，她会坐在家里一连自慰数个小时，甚至有他人在场也不停止。他请求医生切除莉齐的阴蒂——还说自己做好了承担一切后果的准备——波拉克勉强同意了。3 个月后，波拉克在《医学新闻》（*Medical News*）发表文章，如释重负地报告："莉齐术后没有再出现之前的行为，她看起来更快乐了，精神状态也有所好转。"不过，波拉克医生没有注明这一消息的来源。或许这也是莉齐父亲的说辞，这位父亲似乎对女儿的身体有着绝对的话语权。

1920—1930 年，慕男狂被视为纯粹的心理障碍——精神伤害导致的对性的过度渴望。第二次世界大战后，许多人对这种病症提出了质疑。在《人类女性的性行为》（*Sexual Behaviour in the Human Female*，1953）中，阿尔弗雷德·金西（Alfred Kinsey）指出，女性的手淫和性幻想都是正常的。10年后，艾伯特·埃利斯（Albert Ellis）和爱德华·萨加林（Edward Sagarin）观察到："所谓的慕男狂大都是相对受控，甚至是精心挑选的滥交；而同样的行为发生在男性身上，社会则认为这是正常现象。"1960年，避孕药的上市降低了女性婚外性行为的风险，20世纪70年代，《时尚》（*Cosmopolitan*）等女性杂志和《深喉》（*Deep Throat*）等色情电影中甚至出现了"快乐淫娃"的表述。

至此，慕男狂变成了一个为了使女性欲望显得低俗、荒唐而被故意捏造出来的概念。"很多时候，"美国性治疗师露丝·韦斯特海默（Ruth Westheimer）博士在1970年说道，"男性这样称呼女性，只是因为她们比自己更喜欢性。"

在临床诊断中，慕男狂和用于形容男性的色情狂（satyriasis）已经被"性成瘾""性强迫症"和"性欲亢进"等名词代替。如何界定过度性欲仍然是一个难题，现有的衡量标准之一是个体行为是否伤害了自己和他人。2005年，新西兰研究人员对940名32岁的男女进行调查，发现13%的男性和7%的女性在过去一年有过"失控"的性行为，但这部分样本中，仅有3.9%的男性和1.7%的女性认为上述行为影响了自己的生活。

2021年，意大利的几名研究人员在《情感障碍期刊》（*Journal of Affective Disorders*）上发表文章，指出创伤经历和性欲亢进间存在明显的统计相关性。作者认为，强迫性行为是在抑郁和罪恶感的影响下，应对内心痛苦的错误机制，而且男性的发病率要高于女性。临床心理学家理查德·B. 加特纳（Richard B. Gartner）详细讲述了这一机制可能对遭受过童年时期性虐待的男性造成怎样的影响。"他们可能对性快感感到矛盾，因为他们体会过的快乐与创伤性虐待有关……对于和他人的接触，他们既渴望，又恐惧；他们认为性是感受爱的最佳途径，但那又意味着虐待。对经受过性虐待且继续有性行为的男性来说，他们解决矛盾的方法往往是不分对象、不论感情、频繁地与人发生关系。"或许这也是1890年布鲁克林的莉齐·B不停自慰的原因，但她的父亲还是决定用手术"纠正"她的强迫行为。

另见：被爱妄想症　偏执狂

牙医恐惧症 Odontophobia

全世界约有15%的人讨厌看牙，还有5%的人视牙科诊所为禁区。这不仅会损害牙齿和牙龈的健康，还可能对人的全身健康造成影响。1897年，格兰维尔·斯坦利·霍尔以希腊语"odous"（牙齿）为基础，为这种恐惧取名为"牙医恐惧症"（odontophobia）。

大部分牙医恐惧症患者都有坐在牙科看诊椅上的恐怖回忆。那些经历让他们害怕针头刺入皮肉的感觉和钻头嗡嗡作响的声音。他们害怕的可能是干呕、窒息、昏厥等反应，也可能是嘴巴大张，任由陌生人在里面"挖掘"的无助感。检查牙齿的时候，我们无法正常说话、吞咽。我们的嘴唇和舌头都僵住了。牙医用锋利而吵闹的工具在我们的嘴里磨、刮、凿，而"施工过程"如何，我们完全看不到。

艾萨克·马克斯和伦道夫·内瑟（Randolph Nesse）曾系统分析过焦虑的进化起源，二人指出，人类对牙医的恐惧来源于一种古老的自我保护冲动——我们尤其恐惧新出现的疾病，因为我们有躲避感染的本能；同样，我们害怕牙医，因为避免受伤也是人类的本能。"当新旧威胁产生联系，我们的大脑和内心会迅速开始联动，"马克斯和内斯说道，"这时，我们的恐惧会快速增长，而且是疯长。"

为了缓解牙医恐惧症患者的焦虑，医生可以向患者说明并展示自己的下一步操作（即"告知－展示－实践"法），事先告诉患者他们可能有什么样的感觉（即提供"感觉信息"），可以用怎样的方式中止治疗（提前商定一个表示停止的信号）。对于针头和钻头的条件性恐惧，医生可以向患者推荐暴露疗法，建议其学习放松或转移注意的技巧，甚至考虑用苯二氮䓬或一氧化二氮来减轻他们的焦虑［1844年，美国牙科医生霍勒斯·韦尔斯（Horace Wells）首次在临床治疗中使用了一氧化二氮麻醉法］。但对多年没有看过牙医的患者来说，克服牙医恐惧的过程会更加复杂，而且有可能进一步加剧原有的恐慌情绪。在这种情况下，如果必须接受复杂的牙科手术，患者可能宁愿接受静脉注射或全身麻醉，在手术过程中彻底"昏死"。

另见：血液－注射－损伤恐惧症　窒息恐惧症

购物狂　Oniomania

1892年，法国精神病学家瓦伦丁·马尼昂（Valentin Magnan）创造了"购物狂"（oniomania）一词——来自希腊语"oninēmi"，意思是"待售"。1909年，德国精神病学家埃米尔·克雷佩林（Emil Kraepelin）将这一名词收录进了自己颇具影响力的精神病学教科书中。克雷佩林将这种表现称为"购买狂热"，后来，人们又给这种行为起了"强迫购物""挥霍狂""购物成瘾"和"强迫购物症"等名字。1990年,美国开展了首次流行病学研究,结果发现,总人口的2%—8%都有强迫购物行为,而且其中大部分是收入较低的年轻女性。近年来,网购的普及又给人们的冲动消费添了一把火。

亚伯拉罕·林肯(Abraham Lincoln)[1]的妻子玛丽·托德·林肯(Mary Todd Lincoln)就是一名购物狂。在林肯任总统的1861年至1865年,玛丽斥巨资重新装修了白宫的私用和公共区域。为了填补这些开支,国会不得不专门通过了两项法案。南北对战正酣时,玛丽从她最喜爱的珠宝商高尔特兄弟(Galt & Brothers)那里选购了金手镯、钻石戒指、宝石胸针、扇子和茶匙,欠下了巨额债务。一些历史学家推测,这位第一夫人的购物狂是精神疾病造成的——她的头痛、情绪波动和易怒可能是双相情感障碍的表现。玛丽的强迫行为也可能是悲伤导致的,她共有4个儿子,其中3个都不幸夭折了。1862年,她失去了12岁的儿子威利(Willie),此后数月,她都无法正常生活。

购物可以驱散空虚和沮丧。"我在购物的时候,"贝基·布鲁姆伍德(Becky Bloomwood)在《一个购物狂的自白》(Confessions of a Shopaholic,2009)中这样说道,"整个世界都变得美好了。可是不久,它又会恢复原样,所以我必须再

---

[1] 亚伯拉罕·林肯(1809—1865),美国政治家、战略家、第16任总统,在其任期内主导并废除了黑人奴隶制。——译者注

去购物。"交易的瞬间,购物者表达并满足了一种渴望。脆弱的自己和凯旋的自己在此刻共存——还有欲望与拥有、渴望与满足。重要的不是拥有一件东西,而是买下它。英国精神分析学家达里安·利德(Darian Leader)曾见过这样一位患者,她花费几千英镑购买衣服,但回家后连包装都不打开。"它们是能让我成为别人的服装,"患者告诉利德,"是放在衣柜中尚未激活的道具。"那些衣服静静地躺在包装里,保留着全部效力;它们依然承载着被买下时的幻想和潜力。

另见:施舍狂 偷窃癖 偏执狂 囤积癖

称名癖　Onomatomania

称名癖是对特定词语的痴迷。法国精神病学家让－马丁·沙尔科(Jean-Martin Charcot)和瓦伦丁·马尼昂于1885年以希腊语"onomato"(单词)为基础创造了这一术语,并指出这种病症共有3种表现形式:在脑海中拼命搜寻某个想不起来的词;强迫重复某个词,就像念咒一样;害怕听到/说出某个词,认为那是危险的事。在《命令式思想》(*Imperative Ideas*, 1894)中,丹尼尔·哈克·图克提到了一名年轻的英国女性,这位"B小姐"

对一名男性厌恶至极,对和他的名字有相同音节的单词也反感不已。甚至在那名男性死后,B小姐仍会在听到那些单词后洗手、洗胳膊。对称名癖患者来说,特定词汇仿佛具有魔力。或许是为了保护患者的隐私,或许是为了尊重患者的禁忌,图克并未在书中说明困扰B小姐的究竟是哪一个单音节词。

另见:回文恐惧症 计数癖 长单词恐惧症 偏执狂

剔甲癖 Onychotillomania

1934年,波兰皮肤科医生扬·阿尔凯维奇(Jan Alkiewicz)将撕、拉、锉手指甲和脚指甲的行为命名为"剔甲癖"(onychotillomania)——词源是希腊语"onyx"(指甲)和"tillo"(拉)。虽然啃咬、撕扯指甲的习惯并不罕见,但严重的剔甲还是很罕见的。2013年,研究人员在华沙[1]进行了一项调查,结果发现,339名医学生中只有3人患有剔甲癖,患病率不到1%。和拔毛癖、抠皮症患者一样,剔甲癖患者也在拉扯着身体表面,探索着内与外的边界,将肉体与"溢出部分"分离。

---

1 波兰首都。——译者注

"T"是一名37岁的工程师,已婚,有两个孩子。2014年,他因为剔甲癖而在威斯康星大学密尔沃基分校接受治疗。T告诉心理学家,他从10岁开始剔甲,他的母亲和姐姐也有同样的习惯。他既剔手指甲,也剔脚指甲,但他会多保留一些大拇指的指甲,好用它们抠挖其他指甲。他用拇指反复摩挲指尖,寻找"盔甲的裂痕":那些缺口、凸起或裂缝都是"突破口",提示他可以从那里下手撕下一块指甲。

不能剔甲的时候,T感到全身紧绷,只有剔甲能让他放松。他说自己每天花在剔甲上的时间有8—10小时,对于那些被剔下的碎甲,他会把玩、啃咬甚至吃掉。在公司里,他把手藏在身后或桌下,不让别人看见他在剔甲。他的指甲受损严重:中指的甲床有75%暴露在外,双脚第一格脚趾的指甲更是彻底消失了。

这种情况让T非常痛苦:他对自己畸形的指甲感到羞愧,对自己无法控制剔甲的行为感到气愤,还对这一习惯对自己生活造成的影响感到沮丧。他不敢带孩子去游泳,因为他不想让人看到自己发育不良似的脚趾甲;他极力避免把东西递给同事,担心自己残破的指甲会吓着他们。

在密尔沃基分校心理学系,T接受了为期8个月的习惯扭转和其他行为疗法的治疗。在心理医生的指导下,T尝试了一系列干预措施,并最终决定把"作案工具"毁掉——他把拇指的指甲剪短,磨得十分平滑;开车时戴上手套;在办公室挤压压力球;看电视的时候用胶带把"目标指甲"缠起来;用芹菜和牛肉干代替指甲作为啃咬的对象。治疗结束时，T 受伤的甲床恢复了知觉，他的指甲长长了一些，他还带孩子去当地的泳池游泳了。

另见：抠皮症　拔毛癖

恐蛇症　Ophidiophobia

长久以来，蛇一直是人敬畏和恐惧的对象。在希腊、罗马、中国、墨西哥和埃及的古代神话中，蛇常以神明或魔鬼的形象出现。《圣经》中，伊甸园的蛇把知识、羞耻和毁灭带给了人类。现在，全球总人口中约有一半怕蛇，而过度怕蛇的人约占 6%。1914 年，格兰维尔·斯坦利·霍尔将这种病症——也是世界上最常见的特定恐惧症——命名为恐蛇症（ophidiophobia），词源为希腊语"ophis"，意思是"蛇"。恐蛇症患者害怕蛇滑行的动作、嘶嘶的声响、颤动的舌头、布满鳞片却没有四肢的细长身体，还有那毫不眨眼的凝视。他们尤其讨厌蛇快速滑过地面，左右扭动的模样。

在已知的 3500 种蛇中，有 600 种有毒，现在，每年仍有约 10 万人因被蛇咬伤而丧命。查尔斯·达尔文认为恐蛇是本能反应，不为意志左右，1872 年，他在伦敦动物园求证了这一假设。他记录道:"在动物园,我把脸贴近唑蝰[1]面前的厚玻璃,心想就算它扑过来,我也决不后退。但当它真的想攻击我时,我的决心瞬间崩溃了,我迅速后撤了一两米的距离,速度之快让我自己都吃了一惊。我的意志和理智在未知的危险面前是如此不堪一击。"

后来,达尔文找到一条玩具蛇,把它放进了动物园里的"灵长类动物之家",他想看看黑猩猩是否和他一样,会被蛇吓退。"那些动物的反应是我见过最奇异的场景,"达尔文写道,"猴子们在笼子里上下乱窜,高声尖叫,传递着有危险靠近的信号。"此后,他又往笼子里放入了一只老鼠、一只乌龟和一条死鱼,但猴子对这些东西几乎没有反应。达尔文推测,人类和黑猩猩已经进化出了一套"内置鉴别系统",会对一些生物自动表现出恐惧。这也能够解释为什么生活在没有毒蛇的地区的灵长类动物——例如马达加斯加的狐猴——对蛇并不恐惧。

1980—1990年,威斯康星灵长类研究中心进行了一系列实验,心理学家苏珊·麦妮卡(Susan Mineka)发现在实验室长大的猴子并不怕蛇,但在看过其他猴子被蛇吓得四散奔逃的影片后,这些猴子立刻表现出了对蛇的恐惧。随后实验人员对影片内容做了剪辑、修改,把猴子的恐惧对象改成了花朵或兔子,结果发现,在实验室长大的猴子要用更长时间才能"学会"这些恐惧:它们似乎生来就更易习得对蛇的恐惧。进一步的实验显示,同样

---

[1] 一种非洲毒蛇。——译者注

是在草丛的遮掩下，蛇总是比青蛙、花朵和毛毛虫更能快速引起猴子的警觉。

1990年，在瑞典的一间实验室，阿尔内·欧曼（Arne Öhman）向一组人类被试者展示了蛇的图片。为了不让负责处理视觉刺激的前额叶皮层对这些图像做出反应，蛇的图片只闪现30毫秒就会被其他图像代替。尽管有所"掩饰"，但恐蛇症患者还是对蛇的图片产生了生理反应——比如手心出汗——这也证明了恐蛇与清醒的认知基本无关。欧曼将这种反应归因于杏仁核（人类大脑中比前额叶皮层更早进化出来的部分）中一个独立存在的生存神经回路。在2003年的一篇合著论文中，欧曼和麦妮卡指出，人类和猴子生来就对一些特定威胁反应更加灵敏、迅速。

动物行为学家和人类学家琳内·伊斯贝尔（Lynne Isbell）在《果、树、蛇》（*The Fruit, the Tree and the Serpent*, 2011）中提出，来自蛇的威胁影响了人类大脑的进化。对生活在亚洲和非洲的人类祖先来说，身形细小、昼伏夜出、神出鬼没、嗅觉灵敏的蛇是头号威胁。要与这种威胁共存，人类必须有更好的视力和在日间行动的能力，还要将视觉和恐惧结合起来。于是，人类大脑慢慢进化出了远多于其他生物的大脑皮层，有了更强的识别、解析视觉和社交信号的能力。他们不仅能发现蛇，还学会了提醒同伴注意危险，通过指示的方式相互交流，这也是语言的雏形。

伊斯贝尔的语言进化理论仍然存在争议，但如果她是对的，那么人类大脑皮层的改变,我们说话、想象、思考的能力都得益于蛇。哲学家斯蒂芬·T.阿斯马(Stephen T. Asma)表示,大脑的这一部分让我们得以"暂时抛开记忆、想法、目标和情感,进入一个平行思维空间"。我们可以把非洲大草原的怪物放到壁画上、故事里,还可以随心所欲地对它们'再加工'。或许正是蛇的出现拓展了人类的认知和想象。现在,我们不仅能对危险做出特定、自动的反应,还能分析、阐述、创造、放大自己的焦虑。我们既有幻想,也有记忆;既有想法,也有知觉。不仅如此,我们还有恐惧。

另见:蜘蛛恐惧症 动物恐惧症

恐鸟症 Ornithophobia

2012年,单向乐队(One Direction)的成员尼尔·霍兰(Niall Horan)坦言自己害怕鸽子。"有一次,一只鸽子飞进了我的浴室,"他在采访中回忆道,"当时我正在小便,那只鸽子径直朝我飞来。我真是受够了,我觉得它们在针对我。"同年,乐队在美国巡演,演出前,保安必须仔细检查室外场地,把鸟赶走。"尼尔真的很怕鸟,"乐队的另一名成员哈里·斯泰尔斯(Harry Styles)证实,"所以我们都得保护他。"

加拿大诗人戴尔·凯瑟罗尔(Dell Catherall)认为自己的鸟恐惧与两次童年经历有关。第一次,她正在试穿芭蕾舞裙时,一只绿色的虎皮鹦鹉突然袭击了她。第二次,她和父亲在温哥华附近的豪湾钓鱼,她的钓钩不小心勾住了一只海鸥。那只海鸥尖叫着,不停地拍打翅膀,她的父亲手忙脚乱地想把钩子从海鸥的腿上取下来。这时,一群愤怒的海鸥向小船扑来,对她父亲的脸又抓又啄。女孩抓起一支桨,朝鸟群疯狂挥舞。最后,受伤的鸟儿恢复了自由,父亲用流着血的胳膊抱住了她,自此,她对鸟的厌恶彻底成形了。

恐鸟症(ornithophobia)——来自希腊语"ornis",即"鸟"——的治疗大都采用暴露疗法。2015年,英格兰组织了一场为期3天的活动,组织者鼓励参与活动的人从喂食公园里的鸟儿开始,慢慢尝试接触鸟舍里温驯的鸽子,再到农场抓火鸡、给火鸡称重,最后让猛禽——如猎鹰、隼、猫头鹰或秃鹫——站在自己手上。

阿尔弗雷德·希区柯克的电影《群鸟》(*The Birds*, 1963)是对恐鸟症的戏剧化呈现,这部电影改编自达夫妮·杜穆里埃(Daphne du Maurier)[1]在康沃尔郡目睹一群海鸥俯冲而下攻

---

[1] 达夫妮·杜穆里埃(1907—1989),英国小说家、剧作家。杜穆里埃的小说情节曲折,扣人心弦,代表作包括《蝴蝶梦》《牙买加客栈》《鸟》《威尼斯痴魂》等。——译者注

击一名农夫后写下的短篇小说。在电影版的故事中，渡鸦、海鸥、乌鸦向加利福尼亚州博德加湾的居民不停发起攻击，人们相互怀疑，认为鸟儿的恶意是有人故意作怪的结果。"它们为什么会这样？"一位当地妇女对刚来不久的梅兰妮·丹尼尔斯（蒂比·海德莉饰）发问，"大家都说你一来，这些怪事就开始了。你是谁？你到底是谁？你是从哪里来的？我觉得你就是这一切的罪魁祸首。我觉得你很邪恶，邪恶极了！"在这部电影中，弗洛伊德的恐惧产生机制——内心感受投射到外部事物上——似乎完全正确，现实世界仿佛被梦境占领，幻想掌控着现实。鸟儿的暴力是某种禁忌之事的集中爆发。

1998年，英国精神分析学家亚当·菲利普斯（Adam Phillips）指出，恐惧让世界变得生动，赋予了它意义和趣味。"恐惧是无意识的疏离技巧，"菲利普斯写道，"它让熟悉的地点和事物变得陌生，让人兴奋。"他借用鸟儿进一步阐释了自己的观点。"比如害怕鸽子，"他说，"就让鸽子变得新鲜。"希区柯克正是利用这种转变，让他的电影充满了偏执、悬念，还有令人激动的疏离感。

另见：鸡蛋恐惧症　羽毛恐惧症　动物恐惧症

气味恐惧症 Osmophobia

气味恐惧症（osmophobia），来自希腊语"osmē"，是对特定气味的厌恶。2017年的一项调查显示，半数以上的偏头痛患者同时受到气味恐惧症的困扰。他们最讨厌的味道包括香水（88%的受访对象勾选了此项）、香烟（62%）和食物（54%）。

一些人在感染了新冠肺炎后出现了气味恐惧的症状，这是嗅觉丧失导致的——嗅觉的偏差让一些气味变得恶心。"葡萄酒闻起来有股下水道味儿，"2021年，一名女性在脸书（Facebook）上一个名为"新冠肺炎嗅觉和味觉丧失"的群组中留言，"其中，普罗科赛[1]的味道最可怕。"另一名女性留言说她感到男友身上散发着恶臭。"是不是我也有这个味道？"她不禁想，"那动物死尸般的味道到底是我的，还是他的？"另一名群组成员非常肯定地把臭味来源锁定在了她的伴侣身上。"过去，我特别喜欢他身上的味道，"这名成员说道，"但现在，那个味道让我想吐。"

另见：呕吐恐惧症 声音恐惧症

---

[1] 一种全球知名的意大利葡萄酒。——译者注

鸡蛋恐惧症　Ovophobia

据传，阿尔弗雷德·希区柯克患有鸡蛋恐惧症（ovophobia），"ovum"在拉丁语中是"鸡蛋"的意思。"我害怕鸡蛋，"1963年，他在自己的电影《群鸟》上映后不久对意大利记者奥丽娅娜·法拉奇（Oriana Fallaci）说道，"不只是害怕——它们让我恶心。那个白色的圆东西一个孔都没有，你把它打碎，会发现里面还有黄色的东西，也是圆的，也是一个孔都没有……呕！"鸡蛋除了表面就是内里：没有破绽，"铜墙铁壁"，要么完好无损，要么支离破碎；要么是铠甲加身，要么是黏糊糊的一摊。"你见过比蛋黄破裂、溢出黄色的液体更令人讨厌的东西吗？"希区柯克向法拉奇提问，"血液是明快的、鲜红的，但蛋黄是黄色的，让人恶心。我从没吃过那东西。"被刺破的蛋黄好像在往外渗出它体内丰盈、闪亮的液体。

希区柯克对法拉奇说，鸡蛋并不是他唯一害怕的东西。他说自己可能是法拉奇见过的"最胆小、最懦弱的男人"。每天晚上，他都要把卧室门反锁起来，"就好像有个疯子守在门外，随时准备进来割断我的喉咙"。他说自己还害怕警察（希区柯克11岁时，曾有一天很晚回家，他的父亲叫来了警察，把他关进了警局的拘留室里），此外，他还害怕人群、窃贼、争吵、暴力、黑暗和周日（小时候每到周日，父母就会要求他在晚上6点上床睡觉，然后自己外出用餐）。他还害怕自己的电影："我从来不看自己拍的电影，我不知道别人是怎么看下去的。"

希区柯克在采访中多次提到过他对鸡蛋的厌恶，但和他说过的其他许多话一样，那些事可能是真的，也可能不是。同样是接受法拉奇的采访，他也说过自己很喜欢妻子阿尔玛（Alma）做的蛋奶酥；在与为自己编写传记的作者约翰·罗素·泰勒（John Russell Taylor）谈话时，他提到自己在皇家工兵部队服役时会用吐司配荷包蛋。"啊哈！"泰勒说，"可是你说你从来不吃鸡蛋。""嗯……"希区柯克迟疑了一下回答，"我可能在很小的时候吃过那么一两个吧。"

当希区柯克向法拉奇列完自己的恐惧清单后，法拉奇提出了质疑："这似乎不合逻辑，希区柯克先生。不过，你的电影也不合逻辑。从逻辑的角度来看，你没有一部电影经得起推敲。"

"同意，"希区柯克轻快地答道，"但逻辑又是什么呢？没有什么东西比逻辑更愚蠢了。"

另见：呕吐恐惧症 恐鸟症 爆米花恐惧症 羽毛恐惧症

泛恐惧症 Pantophobia

1929年,精神分析学家威廉·施特克尔将一名19岁的维也纳学生"赫尔曼·G"(Hermann G)的症状描述为"泛恐惧症"(pantophobia,来自希腊语"pan",即"全部")。赫尔曼告诉施特克尔,他害怕吃肉,害怕上课,害怕站在窗边。他害怕走过妓女身边会染上梅毒,所以出门在外,他总是努力屏住呼吸。赫尔曼最害怕的是他自己。他不敢看刀,害怕自己会拿起刀来伤害妹妹;他不敢独自待在房间里,害怕自己会伤害自己。施特克尔认为赫尔曼患病的原因是妹妹的离世,这个名叫格蕾特尔(Gretel)的女孩13岁就去世了。赫尔曼承认,他一直嫉妒格蕾特尔,妹妹生病时,他曾在心里暗暗许愿,希望妹妹不要再好起来。妹妹死后,他听说一群士兵曾在公园里截住了妹妹,于是想到可能是梅毒杀死了她。"赫尔曼的各种恐惧",施特克尔总结道,"都来源于他对格蕾特尔去世的懊悔,以及作为惩罚,他也可能迎来同样命运的恐惧。"

另见:广场恐惧症 低恐惧症 不洁恐惧症

人偶恐惧症 Pediophobia

1952年，利奥·兰盖尔（Leo Rangell）发表了《人偶恐惧分析》（*The Analysis of a Doll Phobia*），这是针对人偶恐惧症（pediophobia）——即害怕人偶，来自希腊语"paidion"，意思是"小孩"或"小孩模样的玩偶"——的经典精神分析案例。文章中，兰盖尔详细记录了一名38岁统计员的病情，这个居住在费城的男人婚姻生活并不幸福，他对人偶的恐惧可以追溯到幼年时期。"他害怕孩子们玩的人偶，"兰盖尔写道，"还有人体模型、橱窗里用于展示商品的假人、木偶、雕塑和各式各样的人形物件——比如人形烟灰缸和台灯底座，甚至包括小动物形状的香皂。这些物品在他看来都是威胁，都是敌人。"兰盖尔意识到，人对特定事物的恐惧和迷恋可能表现得极为相似："从某种意义上说，他和这类物体'结婚'了。为了避开它们，他的眼睛无时无刻不在寻找它们。"

这名统计员在3年多的时间里接受了700小时的精神分析治疗，其间，他和兰盖尔一起分析了自己的梦境和记忆。兰盖尔发现，这名患者对手淫行为抱有极大的罪恶感和羞耻感。他总结道，对这名患者来说，人偶"被注入生命"的模样总让他想到勃起的场景，而这份活力恰恰是他恐惧的，他害怕因此受到严厉的惩罚。"他躲避的人偶就像是独立于身体之外的阴茎，"兰盖尔写道，"它让人联想到阉割，并因此心生不悦。"但人偶的含义还不止于此,它"依次并同时"代表着患者的粪便、身体、母亲以及全体女性、女性生殖器、其他男人(父亲)的生殖器、小女孩幻想中的生殖器。人偶汇集了众多恐惧和迷恋。

随着分析的进行,统计员开始试着在日常生活中挑战自己:妻子在皮草沙龙试穿外套时,他就坐在假人模特旁边;在当地的一间博物馆,他和查理·卓别林(Charlie Chaplin)[1]的雕像握了手;在岳母家,他摸了摸壁橱里用来做衣服的人体模型;回到家,他又碰了碰妻子从婚礼蛋糕上取下并一直保存至今的新人摆件。他非常高兴地发现,恐惧正在消退。

文章的最后,兰盖尔提到了另一名患者,这名成功的木偶师将一生都献给了人偶:"制作它们,打扮它们,和它们一起玩,向观众展示它们。"演出结束后,他会邀请观众到后台欣赏他的作品。"这时,这个男人总是坐在椅子上紧张地咬着指甲,心中五味杂陈。他既感到十分自豪、满足,又感到非常焦虑——担心有人弄坏他的宝贝,哪怕有一点磕碰都不行。"人偶恐惧症患者和恋童癖患者一样,兰盖尔写道,都在人偶身上"无意识地赋予了巨大价值,倾注了大量强烈的情感。对一些人来说,保持平衡的方式是回避这一象征,但对另一些人来说,他们可以接受,甚至享受这种感觉"。

---

[1] 查理·卓别林(1889—1977),英国演员、导演、编剧。肥裤子、破礼帽、小胡子、大头鞋、从不离手的拐杖构成了卓别林的经典形象,他的作品代表着默片的最高水平。——译者注

在1906年的一篇文章中，德国精神病学家恩斯特·延奇（Ernst Jentsch）[1]将人偶的诡异归结于它们逼真的"生命力"，这也是兰盖尔接诊的统计员之所以讨厌橡胶和蜡质人偶的原因。要在文学作品中营造出"怪怖"（uncanny）[2]的氛围，延奇指出，作者只需"给读者留以悬念，让他们不能肯定故事里的人物究竟是不是真人"。他补充道，人偶之所以吓人，是因为它有一种模糊性。它在两个不同物种间游移。

一个被人赋予了生命的人偶会让他人感到不安。在1920年的伦敦，女扮男装的百万富翁快艇赛手玛丽昂·芭芭拉·"乔"·卡斯泰尔斯（Marion Barbara 'Joe' Carstairs）有一个30厘米高的皮质人偶，她和这个人偶形影不离，还给它取名"托德·韦德利勋爵"（Lord Tod Wadley）；卡斯泰尔斯在"裁缝街"[3]为这个人偶定制衣服，还在库茨银行为它开了一个账户。"我们是一体的，"卡斯泰尔斯说，"他就是我，我就是他。"卡斯泰尔斯在1930年买下了巴哈马的一座海岛，岛上的500名居民都习惯了"老板"骑着摩托车，载着韦德利在岛上飞驰的模样，就像某种武术仪式一样。随着时间流逝，人偶脸上的皮逐渐老化，

---

[1] 恩斯特·延奇（1867—1919），德国精神病学家。其最为出名的研究成果是发表于1906年的论文《论恐怖心理学》（*Zur Psychologie des Unheimlichen*）。——译者注
[2] 延奇和弗洛伊德都就"怪怖"这一主题进行过研究与阐释。英文Uncanny的原型是德文Unheimliche，意思是"诡异"。——译者注
[3] "裁缝街"是伦敦西区的一条街道，从19世纪起，这里便聚集着世界顶尖的裁缝，以这条街道为核心的一片区域也逐渐发展成高级定制男装的圣地。——译者注

开始发黑、皲裂。卡斯泰尔斯的女友们都很害怕它。"它看起来就像活的一样,"其中一个女友说道,"或者说它曾经是活的,现在死了。"

1970年,日本机器人专家森正弘(Masahiro Mori)提出了一个关于人偶恐惧的理论,他认为,人偶和真人的相似度越高,人类对它们的好感度就越高,但当人偶和真人的相似度超越某个临界值后,人类就会开始厌恶人偶。森正弘用图表展示了当人类和人偶的界限变得模糊,我们对人偶的好感度会断崖式下跌——他将这一现象命名为"恐怖谷",意指图表中突然下降的曲线。森正弘提出这一理论时,人形机器人还没有诞生——他的认知是基于他本人对洋娃娃和机械手臂的厌恶。"我从小就不喜欢蜡像,"森说道,"我觉得它们很诡异,很吓人。那时,电动机械手臂已经出现,它们给我的感觉和蜡像一样。"

2013年,两位印度精神科医生报告了一个令人不安的人偶恐惧症案例,患者是一名12岁的印度女孩"A"。女孩的母亲对当地的一名神经科医生说,女孩并不害怕人偶,但唯独对一个人偶非常恐惧:那是一个眼睛闪闪发亮的娃娃,放在他们古吉拉特邦[1]家中的一个玻璃盒里。A一看到那个娃娃,就会大声尖叫并哭着跑开。精神科医生听完,让母亲把女孩带到诊所接受一次厌恶疗法的治疗,还让母亲把那个娃娃也偷偷带上。

---

1 印度最西部的一个邦,与巴基斯坦接壤。——译者注

医生先在诊所问了 A 一些问题，然后让她闭上眼睛，接着把娃娃从抽屉里拿出来，放在了女孩背上。孩子隐约猜到了自己背上是什么东西，大声尖叫起来。咨询师提醒女孩，无论如何都不能离开房间。女孩继续尖叫着，然后哭了起来。15 分钟后，女孩问医生能否睁开眼睛。"我不害怕这个娃娃了！"女孩直视着娃娃亮闪闪的眼睛，"我真不明白自己为什么要害怕它。"女孩笑着说。医生把娃娃抛给她，她接住了，又笑着把娃娃抛了回去。5 分钟后，她已经痊愈，回到了妈妈身边。

一年后，A 的人偶恐惧症仍然没有复发。报告的作者总结道："基于暴露的治疗方法——让患者系统性地面对他们害怕的事物——是非常有效的。"但是，似乎没人问过 A 是否有了新的恐惧症。现在她害怕的可能是治疗师，这也不是不可能的。

另见：小丑恐惧症

声音恐惧症 Phonophobia

2010年,马来西亚彭亨[1]的一个12岁女孩因为害怕噪声而被送到了国际伊斯兰医院的耳鼻喉科。女孩的父母说,她在农历新年时听到了爆竹声,此后就对声音变得敏感。自那以后,普通的声响在女孩听来也是巨大的噪声,她说自己脑海里的声音不仅大,还伴随着可怕的回响。她无法忍受塑料袋的沙沙声,更不用提气球爆裂的声音。听到这些声响,女孩会心跳加速、全身颤抖、出汗并哭泣。后来,她因为病情过重,不得不中止了学业和社交。

在确定女孩对声音的敏感并非生理因素造成的之后,医生将她的表现诊断为声音恐惧症(phonophobia,来自希腊语"phonē",意思是"声音"或"响声")。他们认为女孩的恐惧是一种无意识的自我保护:她对爆竹的恐惧提高了她对其他可能预示着危险的突发巨响的警惕。心理学家每周对女孩进行两次治疗,其中包括"心理教育"(女孩和父母都要参加)、放松技巧练习和渐进式暴露脱敏等内容。经过3个月的治疗,女孩已经可以和家人外出用餐;6个月后,她已经可以接受烟花表演时的嘶嘶声、爆裂声和砰砰声了。

有些人听到别人大声咀嚼、吸鼻子的声音,或硬质包装纸发出的沙沙声时会感到恐慌、愤怒。2017年的一项研究表明,这

---

[1] 位于马来西亚东部。——译者注

种愤怒的源头是声音恐惧症——或厌声症（misophonia），即对声音的憎恶——这种病症是由过度活跃的前岛叶皮层引起的，大脑的这一部分是联系人类感官和情绪的桥梁。新冠肺炎疫情暴发以来，一些出行受限的人发现自己对声音敏感的症状变得越发严重了。例如，2021年夏天，东萨塞克斯郡[1]贝克斯希尔的一位居民和邻居大打出手，甚至惊动了警察。经过询问，他们冲突的原因是"邻居吃饭声音太大"。

另见：雷声恐惧症　气球恐惧症　气味恐惧症　寂静恐惧症　电话恐惧症

富豪妄想症 / 冥王星狂热　Plutomania

17世纪，人们用"富豪妄想症"（plutomania）——来自希腊语"ploutos"，即"财富"——形容不择手段追求财富的行为。苏格兰作家托马斯·厄克特爵士（Thomas Urquhart）这样哀叹那个时代的富豪妄想症患者："他们疯狂追逐金钱——这个世界的垃圾。"1894年，美国《论坛》（*The Forum*）杂志用这

---

[1] 位于英格兰东南部。——译者注

个词形容自以为拥有财富的幻觉。1930年，这一名词以全新的含义席卷了美国，那一年，亚利桑那州洛厄尔天文台的年轻天文学家克莱德·汤博（Clyde Tombaugh）发现了太阳系的第9颗行星［一位来自英国的11岁女生提议以罗马神话中冥界之神普鲁托（Pluto）的名字命名这颗行星，意见被采纳后，女孩还获得了5英镑的奖励］。

整个美国都为这颗新发现的行星而疯狂：纽约美国自然历史博物馆举办的冥王星展吸引了上千人参观，媒体争相访问汤博，还印制了图表帮助人们在夜空中搜寻这颗行星。1931年，华特迪士尼影片公司为米老鼠的宠物狗取名"普鲁托"，而1930年，这只狗已经出现过，那时它还是米妮的宠物，名字叫"罗弗"（Rover）。

富豪妄想症——包括疯狂追求财富和幻想拥有财富——是导致1929年华尔街股市崩盘的原因之一。当美国经济陷入萧条，同一名词的新含义——冥王星狂热——似乎分散了一些身处苦难当中的人们的注意力。

另见：披头士狂热　自大狂　偏执狂　郁金香狂热

窒息恐惧症　Pnigophobia

窒息恐惧症（pnigophobe，来自希腊语"pnigo"，即"窒息"）是对被药片、液体或食物噎住的恐惧。大多数患者是在目睹或经历窒息事件后突然发病的。

1994年，美国精神生理学家理查德·麦克纳利（Richard McNally）分析了25个窒息恐惧症案例。一个8岁的女孩在一次乘车旅行时被薯条噎住了，此后3个月，她都不愿吃固体食物，体重轻了大约3.6千克。另一个10岁的男孩被订书钉噎住后，体重掉了4.5千克。还有一个9岁的女孩被爆米花噎住后瘦了6千克多。这个女孩总是做被噎住的噩梦，她拒绝刷牙，害怕牙刷的刷毛噎住她；她还故意把枕头垫高，防止脱落的牙齿滑进气管。20世纪70年代，一名26岁的女性在东南亚的一间餐馆被卷入枪战，之后便患上了窒息恐惧症——现在，她一想到在外就餐，就感觉喉咙揪成一团。

麦克纳利本人接诊过一个名叫约翰的30岁男子，这名患者的窒息恐惧从16岁便开始了，那时，他因为吃鱼而被噎住过一次，而两年以前，他最好的朋友被热狗噎死了。约翰几乎不吃固体食物，特别是他感觉喉咙痒痒，好像有头发丝在喉咙里的时候，而且不论吃什么，他都要咀嚼很长时间。多年来，他的情况时好时坏，每当他感到焦虑或沮丧，病情就会加重。当他向麦克纳利求助时，他的体重已经从82.5千克降到了63.5千克。

治疗开始后，麦克纳利首先试着让约翰减少每一口的咀嚼次数，有时他会陪着约翰吃饭，帮助他改变咀嚼习惯。一开始，约翰每一口都要嚼90下，慢慢地（经过10个步骤），次数降到了20。接着，麦克纳利又鼓励约翰尝试他害怕的食物，从面包开始（第一、第二次治疗），再到培根、生菜和西红柿三明治（第六次治疗）。在6个月后的回访中，约翰说他已经可以吃汉堡了。

麦克纳利发现，大多数记录在案的窒息恐惧症案例都已通过类似的渐进式暴露疗法被治愈了，部分案例的治疗还用到了抗焦虑药物。1992年，瑞典心理学家拉尔斯－约兰·奥斯特（Lars-Göran Öst）用认知疗法治疗了一名无法吞咽液体的68岁女性——为了不让身体彻底脱水，她会把饼干泡在茶里吃掉。这位女性担心液体流入气管会让她窒息，而且一旦呛水，她坚信咳嗽解决不了问题，哪怕只是短暂的缺氧也会要了她的命。一开始，奥斯特请她屏住呼吸，并逐渐延长屏息的时间，这样她就会明白人不会因为缺氧30秒就活不下去。接着，他把纸卷成一个圆筒，在里面放一支笔，让这名女性用力咳嗽，把纸筒里的笔吹出去，然后引导她用咳嗽的办法排出气管里的水。"这些试验，"麦克纳利说，"消除了她的误解，也治好了她的窒息恐惧症。"这名女性的恐惧随着她对生理机能的错误认识一起消失了。

另见：幽闭恐惧症　呕吐恐惧症　牙医恐惧症　爆米花恐惧症

胡子恐惧症　Pogonophobia

脾气暴躁的英国电视主持人杰里米·帕克斯曼（Jeremy Paxman）曾在2013年"胡子拉碴"地出现在屏幕上，之后，他公开指责英国广播公司（BBC）患有胡子恐惧症。帕克斯曼称，这家公司对胡子的反感程度可以和独裁者恩维尔·霍查（Enver Hoxha）[1]媲美，后者在1967年下令禁止所有阿尔巴尼亚人留胡子。

"胡子恐惧症"（pogonophobia）——即讨厌胡子——这一带有讽刺意味的词语最早出现在1851年的一本长老会[2]刊物上。在18世纪的大部分时间里，胡子都被英美社会视为底层人民和不讲卫生的标志。《健康、美丽和时尚用品》（*The Toilette of Health, Beauty and Fashion*）在1834年指出："留着胡子的下巴是堕落的体现，那种东西只应该出现在最底层的劳工和技工身上。"古老的洞穴壁画显示，我们的祖先——尼安德特人[3]——已经有了刮胡子的习惯，他们用贝壳当镊子、燧石做剃刀，而他们剃须的目的大约是消灭寄生虫。

19世纪50年代后期，胡子在英国变得流行起来，掀起这股

1　恩维尔·霍查（1908—1985），阿尔巴尼亚前领导人。——译者注
2　基督新教三大流派之一，亦称长老宗、归正宗、加尔文派等，诞生于16世纪的瑞士宗教改革运动，后流行于法国、荷兰、苏格兰及北美。——译者注
3　尼安德特人（Homo neanderthalensis），简称尼人，因其化石发现于德国尼安德特山谷而得名。尼安德特人是现代欧洲人祖先的近亲，在约12万年前分布于欧洲、亚洲西部及非洲北部。——译者注

风潮的是从克里米亚战争[1]归来的士兵，为了御寒，他们都留起了大胡子。但到了20世纪初，干净的面孔又重新流行起来，胡子再次沦为人们厌弃的对象。英国和美国的许多公共和私人组织，包括迪士尼和纽约警察局，都禁止雇员留胡子。美国联合包裹运输服务公司直到2020年才取消这一禁令。

儿童作家罗阿尔德·达尔（Roald Dahl）[2]非常讨厌胡子，在他的作品中，留着胡子的总是脏兮兮的粗人。《蠢特夫妇》（*The Twits*, 1980）中的蠢特先生就留着浓密的胡子，他的胡子上不知何时沾上了玉米片、斯蒂尔顿干酪和沙丁鱼残渣。"他伸出舌头，绕圈探索嘴边茂密的'丛林'，"达尔写道，"他总会发现一些'美味'，然后用舌头勾回嘴里慢慢品尝。""胡子是用于藏身的茸毛烟幕，"达尔在一篇讨论胡子的文章中写道，"它的方方面面都让人恶心。"

另见：毛皮恐惧症　不洁恐惧症　毛发狂　拔毛癖

---

[1] 1853—1856年在欧洲爆发的一场战争，战场在黑海沿岸的克里米亚半岛。——译者注

[2] 罗阿尔德·达尔（1916—1990），挪威籍英国儿童文学作家、剧作家、短篇小说作家，曾获艾伦·波文学奖、英国儿童图书奖等多个奖项。代表作包括《查理和巧克力工厂》《好心眼儿巨人》《了不起的狐狸爸爸》等。——译者注

爆米花恐惧症　Popcorn phobia

　　音乐家兼游戏设计师费希尔·瓦格（Fisher Wagg）在2016年接受播客频道"泛恐惧症"的采访时表示自己非常害怕爆米花，一看到爆米花，他就"痛苦万分"。他说自己曾看过一部动画片，其中一幕是蛆虫"在尸体里跳舞"，起初，他对这个画面并没有特别的感觉，直到有一天，他突然觉得那些蛆虫就像一粒粒活过来的爆米花，膨胀、盘绕。在瓦格看来，这种轻飘飘又嘎吱作响的零食简直比蛆虫啃食开膛破肚的尸体还要可怕。

　　瓦格的反应看似是可笑的"颠倒黑白"，但它却部分说明了恐惧的发生机制。玉米粒爆裂时，内里撑破外皮，内容物向外喷涌，膨胀至原来的数十倍大小："里子"跑了出来，吞噬了外表，内在和外在对调了。英国人类学家玛丽·道格拉斯（Mary Douglas）在《纯洁与危险》（*Purity and Danger*, 1966）中指出，反感是"不对劲的东西"引起的。对大多数人来说，蛆虫在人肉里翻滚就属于这种情况。在瓦格看来，爆裂的玉米是类似的，甚至更糟的"越界行为"：它不仅突破了边界，而且突破、吞噬的是它自己的边界。

　　为了说明自己的恐惧，瓦格一面观看爆米花炸裂瞬间的慢动作画面，一面将自己的想法实时记录了下来。"我讨厌它们湿漉漉的样子，"他说，"它爆炸了，变成了一个巨大的白色物体，就像蟋蟀脱壳一样……你能看见它里面的东西全都翻到了外面。"

当爆米花继续膨胀，白色的物体一层包住一层时，他沉默了。"嗯……不行，这太恶心了。"他小声说着，按停了录音。

另见：棉花恐惧症 呕吐恐惧症 纽扣恐惧症 窒息恐惧症

羽毛恐惧症　Pteronophobia

1897年，不止一个孩子在接受斯坦利·霍尔的恐惧调查时表示自己害怕羽毛。霍尔以希腊语"pteron"（羽毛）为基础，将这一恐惧症命名为"羽毛恐惧症"（pteronophobia）。霍尔指出，部分患者的恐惧是在看到绒毛从枕头或被子里飞出来之后产生的。其中一名患者被羽毛"惩罚"过，那个孩子说："护士把羽毛插进钥匙孔，好把我关在房间里。要是我想出去，看见门上的羽毛，我就会站在原地尖叫。"一位女性说她3岁的女儿"尤其害怕鸡毛掸子"。

霍尔推测，孩子们害怕的可能是羽毛轻抚皮肤的瘙痒感，也可能是它"迸发的活力"——它能随心所欲地腾空而起,翻转舞动。

另见：毛皮恐惧症　恐鸟症

公厕恐惧症　Public urination phobia

一些人使用公厕时会因为括约肌紧张而无法排尿，这一心因性疾病也被称为害羞膀胱综合征或境遇性排尿障碍。在特定社交恐惧症中，公厕恐惧症的发病率仅次于演讲恐惧症，这种病症的患者可能无法接受尿检，或因为不想使用公厕而拒绝出门。在最坏的情况下，公厕恐惧症还可能对患者的身体造成损害（肾结石、尿路感染），必须通过导尿管进行医疗干预。

1954年，针对公厕恐惧症的首次调查发现，14%的大学生至少有过一次无法在公厕排尿的经历。此后，这一病症的估测发病率一直在2.8%—16.4%之间徘徊。公厕恐惧症的男性患病率远高于女性，这可能是两性的生理差异导致的（随着年龄的增长，男性更易患尿潴留，而女性更易患尿失禁），也可能是男女公厕的隐私度不同造成的（大部分男厕安装的是立式小便器，而女厕则有封闭的隔间）。一些患者认为自己的恐惧和小便时被人看到、听到的尴尬经历有关，但也有许多患者说不清自己为什么会有这样的表现。

公厕恐惧症的标准治疗方法是认知行为疗法和脱敏疗法，除此之外，有人发现倒着数数也能有效缓解症状。境遇性排尿障碍国际协会还在网站上为患者提供了另一个技巧——用45秒呼出一口气的75%，必要时可用手捏住鼻梁。这个方法可以促进盆骨底下沉，帮助尿液排出。

另见：脸红恐惧症　被笑恐惧症　不洁恐惧症　社交恐惧症

纵火狂 Pyromania

1833 年，查尔斯·克雷蒂安·亨利·马克 将强迫放火的行为命名为纵火狂（pyromania），词源为希腊语"pyr"，即"火"。马克将几名女性确诊为纵火狂，其中包括几个在主人和情人的房子里纵火的 12—16 岁女仆，还有一个放火烧了丈夫和情妇幽会地点的女人。

1838 年，让－艾蒂安·埃斯基罗尔在马克的案例列表上又添了一笔：1833 年 10 月，埃塞克斯郡[1]巴金赛德的一名 13 岁女仆点燃了雇主（一名农夫）的床。这个名叫简·沃尔斯（Jane Walls）的女仆在当地法官面前这样解释自己的动机："我不觉得自己在作恶。我只是想试试把蜡烛靠近床帘看它会不会被点燃。我想看看它着火的样子，我觉得那肯定比烧着的煤块和壁炉里的柴火更美。"沃尔斯说自己对主人没有恶意，而且在点燃床帘后立刻告诉了对方。她意识到自己可能被判死刑，后悔极了："要是我知道点火会被绞死，我一定不会这样做。"

农夫做证称，简·沃尔斯看起来一切正常——他说简一直是个可靠、细心的保姆，把孩子们照顾得很好——但简的律师表示，她在前一年 2 月曾因发烧失去理智，又在 9 月因父亲去世头晕目眩，心烦意乱。当地法官裁定，不以纵火罪（死罪）起诉沃尔斯，

---

1 位于英格兰东南部。——译者注

而是以较轻的罪名将她送审。

谈话中,多名纵火狂女仆告诉马克,她们的工作并不愉快。她们无力改变所处的环境,而且整日与火相处——围着壁炉、煤灯、蜡烛、厨灶、牧场打转——把小小的火星变成一团团烈焰。一个15岁的女孩告诉马克,她的身边总有一个鬼魂怂恿她放火烧了她工作的地方,她还说自己很想回家。德国的一个14岁女孩曾两次在雇主家纵火,她说自己"想家想得要命",特别想见父母。最后,女孩被处死了。

19世纪,一些因纵火被起诉的人辩称自己的行为是癫狂状态下的冲动,不过,这种抗辩很少成功。例如,1858年,纽约州精神病院的一名雇员放火烧毁了医院的中央大楼和谷仓,他说自己得了名叫"纵火狂"的病,但法官并不认可这一说法。"冲动型躁狂症的存在,"法官说,"只能通过躁狂行为来证明,但这不可能作为证据。"19世纪后期,许多精神病学家开始反对将纵火狂看作一种精神障碍。

但这一诊断在20世纪再次回归了,威廉·施特克尔等精神分析学家认为,只有无意识的冲动和激情才能解释一些纵火行为。1932年,弗洛伊德将火焰描述为性欲的象征。"火焰的温度,"他写道,"能够激发与性兴奋状态下相同的血液流动状态,而火苗的形态和动作就像性交时的阴茎。"他表示,灭火能够引发排尿般的快感。许多纵火行为的目的是邪恶的——获得保险赔偿、惩罚欠债的人、掩盖其他罪行——或是为了表达抗议。不过,精神分析学家同时指出，浅显的动机可能掩盖深层的冲动，就像冲动的辩词可能为罪行开脱一样。

1957年，美国上诉法院审理了托马斯·布里斯科（Thomas Briscoe）上述案。布里斯科是一名已婚男性，因为在华盛顿特区的一间空房子里纵火被捕。布里斯科称，12岁以来，他已经纵火大约100次，他经常在半夜醒来，感到强烈的性冲动——他必须走出家门，找一栋房子点火，等到警报响起，消防员把火扑灭才能得到满足。结果法官撤销了原判决，认可了布里斯科可能患有纵火狂的说法，判定允许他在案件重审时提起"因精神错乱而无罪"的抗辩。

美国精神医学会将纵火狂定义为冲动控制障碍，其诊断必须满足纵火行为反复出现，无法用其他病症解释这一行为，发病前紧张、兴奋，发病后感到解脱、快乐，受对火的痴迷而非复仇或获利等目的驱使的条件。1951年，诺兰·刘易斯（Nolan Lewis）和海伦·亚内尔（Helen Yarnell）分析了近1200名男性纵火犯的犯罪记录，发现其中只有约4%的案件符合纵火狂的全部条件。"这些纵火犯都说自己有无法抑制的冲动，"两位研究人员说道，"典型症状包括不断加剧的紧张和不安，想要行动的欲望，头痛、心悸、耳鸣等转换症状，以及逐渐模糊的自我认知；最后，不知不觉间，他们就纵了火。"

2001年，美国的一名女性纵火狂患者匿名讲述了自己的情况。她的童年十分艰难：一个年长的继兄在她10岁时性侵了她，而她的母亲不仅酗酒，还患有双相情感障碍。"还没上学的时候，火就是我生活的一部分了，"她回忆道，"每年夏天，我们都因为山火而不得不搬到其他地方。我总会站在那儿，敬畏地看着前方的火光。"她开始迷恋火：点火，阅读和火有关的书籍，看与火有关的电影，听以火为题的歌曲，讨论火的话题，闻火的味道。她为火焰的跃动、光亮和力量着迷。她说，每当感到恐惧或焦虑的时候，她就会点火。"我感觉自己被抛弃了，非常孤独、无聊，"她写道，"有时我感到头痛欲裂、心跳加速、双手颤抖、右臂刺痛。"而火焰燃烧的噼啪声和灼热感似乎能消除她的紧张情绪。

1993年春天，这名女性在加州大学学习，有人发现她不止一次在校园里纵火。她因此被送到了精神病院，但同年夏天就出院了，还找到了一份在华盛顿特区为国会代表服务的实习工作。在之后的8年里，她先后入院33次，被诊断出精神错乱、抑郁症、强迫症和边缘型人格障碍等不同疾病。她的内心还是一点就着。"我的梦里只有我点过的火、想点的火和后悔没点的火。"她这样写道。清醒的时候，她就继续追逐火焰。当她点的火熄灭了，她会感到悲伤和痛苦，并迫切地想要再次点燃它。

另见：嗜酒狂　杀人狂　偷窃癖　偏执狂　慕男狂　购物狂　拔毛癖

寂静恐惧症　Sedatephobia

在这个越发喧闹的世界里，害怕寂静——即"寂静恐惧症"（sedatephobia，sedatus 在拉丁语中是"平静的"的意思）——变得越发常见。城市居民已经习惯了生活的"背景音"——路上的车水马龙和鸣笛声、电话的叮铃声、冰箱的嗡鸣声、数字音乐和聊天软件的提示声。寂静使人不安，甚至痛苦万分。一些人在完全安静的房间里睡觉会感到恐慌，还有一些人会因为乡间小路的宁静而心烦意乱。

2012年，澳大利亚查尔斯特大学（Charles Sturt University）讲师布鲁斯·菲尔（Bruce Fell）报告称，他有多名学生难以忍受寂静。在6年时间里，他先后请580名学生完成了寂静恐惧的调查问卷。一名学生写道："一开始，我想在图书馆答卷，但没过几分钟，我就回宿舍去取iPod了。图书馆太安静，我没法集中注意力。"费尔认为，这些学生大都习惯了儿时家里电视一直开着的声音，而新技术的出现也让无声环境变得更加罕见。一名本科生告诉费尔，回到自家农场，她必须戴上耳机、听着音乐，才能独自走到附近的大坝。费尔请这些学生用一个小时的时间在寂静的环境下阅读、走路或静坐，但大多数学生表示这太难了。"一点儿声音都没有，这让我很不舒服。"一名学生表示。"这简直让人汗毛倒竖。"另一名学生说。在他看来，寂静是不祥的停顿，是持续的悬念，是危险的序章。

2013年的一项实验测试了不同声音对老鼠大脑的影响。研究人员将老鼠分成4组，在每天的2小时中，他们让这些老鼠分别暴露在噪声、小鼠叫声、莫扎特钢琴曲和寂静之下，其他时间，老鼠听到的是实验室的环境音。研究人员发现，"寂静组"的老鼠比其他老鼠发育出了更多的脑细胞，他们推测这是因为反常的寂静起到了警报作用，让老鼠在"良性压力"下——就像在安静环境中心神不定的澳大利亚学生一样——紧张地等待声音的到来。"不自然的寂静会引起警觉，"脑科学家写道，"这可能会刺激神经，让个体为未来的认知挑战做好准备。"突兀的寂静让老鼠紧张、专注，也锻炼了它们的大脑。

另见：睡眠恐惧症　无手机恐惧症　黑夜恐惧症　声音恐惧症

铁道恐惧症　Siderodromophobia

1879年，德国医生约翰内斯·里格勒（Johannes Rigler）将铁路工人表现出的一种新的病症命名为"铁道恐惧症"（siderodromophobia）——这一名词由希腊语"sideros"（铁）、"dromos"（轨道）和"phobia"（恐惧）三部分组成，其原型是德语单词eisenbahnangst，即"铁-路-恐惧"。里格勒认为，火车运行的剧烈颠簸可能让人身心俱疲。乔治·米勒·比尔德这样向他的英语读者解释这个词语："这是一种强烈的脊柱刺激，常伴有歇斯底里的状态和对工作的极度倦怠。"他将这一疾病归因于火车旅行时"持续的震动和噪声"。

铁道恐惧症在铁路旅客和工作人员中的蔓延反映出了人们对工业化日益加剧的担忧。许多人认为乘坐高速运行的火车对身体有害无益。马尔科姆·亚历山大·莫里斯（Malcolm Alexander Morris）在1884年的《健康之书》（*The Book of Health*）中记录了自己在一次火车旅行中的感受："乘车期间，人不仅身处机器之中，更成了机器的一部分，我们和机器以同一节奏颠簸颤动，皮肤和肌肉的神经都不停地受着刺激。"铁道恐惧症被认为是新技术导致的疾病，就像第一次世界大战中的震弹症一样。火车车厢的震动就像炸弹爆炸一样，可以在人的身体和心灵中不断回荡。

里格勒创造的这一术语也被用于形容乘客对火车旅行的恐惧，西格蒙德·弗洛伊德曾表示他在30岁至40岁出头的阶段也曾受到这一病症困扰。在1897年写给好友威廉·弗利斯（Wilhelm Fliess）的一封信中，弗洛伊德抱怨列车事故的新闻报道让他对即将到来的出行充满了焦虑。他怀疑自己的铁道恐惧是从2岁时和母亲一起乘坐夜间火车从莱比锡[1]到维也纳[2]的一次旅行开始的。

---

1 位于德国东部的莱比锡盆地中央。——译者注
2 位于多瑙河畔，是奥地利的首都和最大的城市，也是欧洲主要的文化中心，被誉为"世界音乐之都"。——译者注

"我们整晚都待在一起，"弗洛伊德写道，"我肯定在当晚的某个时候看到了她的裸体。"当时的弗洛伊德正处在俄狄浦斯情结形成的初期，他推测自己对火车的恐惧其实是面对母亲裸体时的兴奋——"母亲激起了我的性欲"——和对父亲因此惩罚自己的恐惧的转移。

在《性学三论》（*Three Essays on Sexuality*）中，弗洛伊德表示火车的摇动和震颤对男孩有性唤起的作用，是"对身体有节奏的机械刺激"。而那些努力压抑与这些感受相关的幻想的人则有可能——和他一样——开始恐惧火车。除此之外，火车的震动还可能引起人们的恶心、焦虑、恐惧。

另见：恐飞症　幽闭恐惧症　工作恐惧症　声音恐惧症

社交恐惧症　Social phobia

社交恐惧症，也称社交焦虑障碍，是对来自他人的审视或评判的恐惧。这一病症的生理表现包括出汗、口吃、颤抖、恶心和心跳加速等。社交恐惧症患者可能害怕特定情境，比如拥挤或空旷的地方（广场恐惧症）、脸红（脸红恐惧症）、演讲（演讲恐惧症）或在公厕小便。

最初，美国精神病学家乔治·米勒·比尔德在1880年将这一病症命名为"恐人症"，即"厌恶社会，害怕看见、遇到、接触人群，甚至除自己以外的所有人"。比尔德指出，这种病态恐惧"常伴有眼神的游移和头部的低垂"。1903年，法国的皮埃尔·让内将这一病症命名为"社交恐惧症"。

社交恐惧症首次作为疾病出现，是在1980年出版的《诊断与统计手册3》中，这一词条的收录让社交恐惧症患者得以要求保险公司报销医药费用。一时间，社交恐惧症的案例数和抗焦虑药物的开方数都有明显增长。1994年的一项调查发现，13.3%的美国人都在人生的某个阶段经历过社交恐惧，这也使得社交恐惧症成了全美最常见的焦虑障碍——仅次于抑郁和酗酒。这一病症似乎还与遗传有关。在婴儿时期表现出行为抑制——更加内省、谨慎——的人群中，有10%—15%的人更易患社交恐惧症。此外，父母的过度苛责和过度保护、诸如遭受欺凌的创伤经历也有可能触发或加重社交恐惧。2008年，《柳叶刀》刊登了一篇研究报告，报告显示，一半的社交恐惧症患者在11岁时已经患病，而20岁时，已有80%的患者出现了症状。和大多数恐惧症一样，回避恐惧对象——对社交恐惧症来说，这一对象是人——只会加深恐惧。认知行为疗法对一些患者非常有效，通过治疗，患者能够修正对他人看法的错误判断，摆脱总是思考过去、担忧未来的习惯。

西方社会往往把内向视为弱点，而其他许多文化体系则非常看重内向性格的价值。1995年，中国的一项调查发现，性格内向的学生更有可能获得同学和老师的信任,成为学生干部,而且这些学生并不比其他同学更有可能患抑郁症。不过,一个崇尚克制的社会也可能催生出具有严重破坏力的羞怯。20世纪20年代,日本精神病学家森田正马(Shoma Morita)发现了一种被他称为"他人恐惧"——即"害怕与他人产生联系"——的病症。他人恐惧症患者总是担心惹怒他人,他们不敢看别人的眼睛,害怕脸红,担心自己身上有难闻的味道、表情不当或不够吸引人。让他们痛苦的不是被人评判的恐惧,而是他们的存在本身。

在《害羞:正常行为何以成为疾病》(*Shyness: How Normal Behavior Became a Sickness*,2007)中,克里斯托弗·莱恩(Christopher Lane)讲述了制药公司大力说服美国精神病学会将社交恐惧症编入1980年的《诊断与统计手册》的经过。他指出,其实许多案例的确诊是将性格特征放大成了疾病,是病态化内向、安静、注重隐私等特点的行为。"在6年时间里,"他写道,"一小群自发集结起来的美国精神病学家达成了一个全新的共识:害羞和其他许多类似特征都是焦虑和人格障碍的体现。而造成这些问题的不是内心冲突和社会压力,而是大脑中的化学物质失衡或神经递质出了问题。"莱恩认为,将人的正常感受和性格特点医疗化[1]会导致严重的后果。"结果将非常可悲,"他表示,"人类的情感范围将大幅缩减,而且这一过程很可能是不可逆的,我

---

[1] 指越来越多的人类行为和状态被归为医疗问题,被认为需要用医疗手段加以干预的现象。——译者注

们的体验将变得贫乏。"

另见：广场恐惧症　脸红恐惧症　被笑恐惧症　演讲恐惧症　接触强迫症　公厕恐惧症　囤积癖

囤积癖　Syllogomania

囤积癖（Syllogomania）——来自希腊语"syllogē"，意思是"收集"——是囤积物品的冲动。2008年的一项调查显示，囤积癖的患病率为2%—5%。"囤积癖"一词最早出现在20世纪60年代早期，当时，英国的医学期刊发表了一些囤积行为的研究报告，但直到20世纪90年代，囤积癖才真正被大众关注。

20世纪初，两个富有的纽约人——兰利·科利尔（Langley Collyer）和他眼盲的哥哥霍默·科利尔（Homer Collyer）——在他们位于第五大道的3层豪宅中囤积了170吨物品。兰利是一名毕业于工程专业的钢琴演奏家，霍默曾是一名海军部律师。兰利在房子里修建了迷宫般的隧道，屋内堆放着与天花板齐高的书籍、报纸，还有几架三角钢琴、一台X光机、一个双头畸胎的标本、汽车零件、罐头、一条皮划艇和一盏枝形吊灯。兄弟俩在1910年左右停用了电话，在20世纪20年代关闭了煤气，在20世纪

30年代告别了电力。兰利每天给霍默喂食100个橙子,希望以此治愈他的失明,兰利还说,报纸都是为哥哥存下的,好让他在恢复视力后阅读。1947年,觉察到异样的邻居报了警,警察闯入屋内,发现兰利死在了自己设计的陷阱里,尸体已经被老鼠啃得血肉模糊。3米外,警察发现了霍默的尸体,因为弟弟不再喂他,他被活活饿死了。

此后多年,美国的父母仍会警告孩子,如果不好好整理房间,他们就会落得和科利尔兄弟一样的下场。但E.L.多克托罗(E. L. Doctorow)[1]的小说《霍默与兰利》(*Homer & Langley*, 2009)却把兄弟二人的囤积癖描绘成了一次浪漫的探险之旅。这对兄弟是"异乡人",多克托罗写道,他们把房子建造成了自己的王国,"进入屋内,他们就离开了美国,回到了属于他们的国度"。

在科利尔兄弟去世的同年,德国社会学家埃里克·弗罗姆(Erich Fromm)[2]指出,个体是通过"拥有"或"存在",即财产或经历,来定义自己的。"那些喜欢囤积物品的人,"弗罗姆在《追寻自我》(*Man for Himself*)中写道,"大都多疑、内向,习惯把情感投注在物而非人的身上。"1951年,精神分

---

[1] E.L.多克托罗(1931—2015),美国小说家,著有多部畅销作品,代表作包括《褴褛时代》《鱼鹰湖》《但以理书》等。——译者注
[2] 埃里克·弗罗姆(1900—1980),美籍哲学家、心理学家。弗罗姆致力完善弗洛伊德的精神分析理论以适应两次世界大战后西方人的精神状态,代表作包括《逃避自由》《追寻自我》《西格蒙德·弗洛伊德的使命》等。——译者注

析学家唐纳德·温尼科特（Donald Winnicott）[1]提出，每个人在婴儿时期都会把感情投注到"过渡性客体"上，比如柔软的玩具和毯子，把它们当作抚慰自己的父母，直到婴儿长大、学会安抚自己为止。对囤积癖患者来说，他们始终没能内化父母照顾他人的特质，因此只能让身边的事物继续"承担"照顾自己的责任。许多囤积癖患者的家里摆满了类似巢穴、虫茧、洞穴、地堡的东西——狭小的空间不仅不会让他们感到束缚，反而能让他们体会到被摇篮包裹着的安心。而在有创伤经历的人看来，这些物品更是抵御伤害的盾牌——它们可以阻碍入侵者靠近。

在《囤积是种病》（*Stuff: Compulsive Hoarding and the Meaning of Things*，2010）中，兰迪·O．弗罗斯特（Randy O. Frost）和盖尔·斯特基蒂（Gail Steketee）指出，囤积癖患者往往把物品看作自我的延伸。"我的身体和我的房子几乎是等同的概念，"一位名叫艾琳（Irene）的53岁女性对弗罗斯特说道，"我把东西带回家里，以获得慰藉。"艾琳生性活泼，善于交际，她兼职做着房地产经纪人的工作，还是两个孩子的母亲。据她说，她的囤积癖让丈夫疏远了她，也让她羞于招待友人。但这些物品是她不可分割的部分。"拥有、留存和保护是我的一部分，"她表示，"如果扔了太多东西，我就不完整了。"

弗罗斯特曾拜访过艾琳，艾琳带着他穿过"羊肠小道"进入

---

[1] 唐纳德·温尼科特（1896—1971），英国精神分析学家、客体关系理论大师，代表作包括《游戏和现实》《家庭和个体发展》等。——译者注

房间：大量的衣服、书籍、报纸、包袋、篮子和箱子堆得高高的，地面散落着照片、传单、优惠券、钢笔、铅笔、装着药片的瓶子，还有字迹潦草、记录着备忘事项和电话号码的纸片。和许多囤积癖患者一样，艾琳留着这些东西，是因为"它们将来或许能派上用场"。弗罗斯特意识到，这些物品替代了艾琳的记忆，它们就像三维仓库，存储着艾琳的过去和她幻想的未来。囤积癖患者处在一个充满可能的空间，他们不愿放弃任何一个选项。一切都是暂时的。"对囤积癖患者来说，"弗罗斯特写道，"失去一次机会的恐惧远比抓住某个机会、收获回报更震撼人心。"

弗罗斯特还采访过两名富有的中年酒店经营者——阿尔文（Alvin）和杰里（Jerry），他们把自己比作"现代版的科利尔兄弟"。穿着皱巴巴的西装、打着领结的兄弟二人带着弗罗斯特参观了他们居住的酒店。两兄弟各住在酒店的一间顶层套房里，屋内摆满了古董和艺术品，四周散落着名片、衣服和杂物。这两间套房已经没有空间供人居住了，于是兄弟俩搬到了酒店的其他房间，但很快，那些房间也堆满了。当床被占满时，杰里就睡在地上。

杰里准确地记得房间里所有物品的位置。"这里的每一件东西都有故事，"他说，"而且每一个故事我都记得。如果扔掉一样东西，那它的故事就一起消失了。"在阿尔文向弗罗斯特展示这些物品时，他不断地回忆起关于这些物品的往事。"这就像一种语言，"阿尔文说，"是物品在说话。"弗罗斯特的几位受访者都表现出了将物品拟人的倾向。一位退休的画廊老板告诉弗罗斯特，他要被自己收藏的西装、衬衫和翼尖鞋淹没了。"它们好像在控制我，"他说，"而且情况逐渐失控。它们会绊倒我，掉到我身上，让我迟到。"

访谈中，阿尔文和杰里的回答总是杂乱无章，他们承认自己有时会在自己的思绪中"迷路"。"每件事都是那么有趣，"阿尔文说，"都和其他事情联系在一起。"弗罗斯特和斯特基蒂认为，许多囤积癖患者都同时患有注意缺陷多动障碍（ADHD）：他们话多、健忘、易分心。这些特点让他们难以管理财产、做出决定、完成任务和执行计划。

弗罗斯特、斯特基蒂和其他一些研究人员找到了囤积癖可能与先天因素有关的证据。2010年，法医精神病学家肯尼思·J.韦斯（Kenneth J. Weiss）写道，囤积癖可能是一种"失控"的适应特征，是人类与生俱来的采集冲动"爆发了"。动物行为学家康拉德·洛伦茨（Conrad Lorenz）推测，囤积是长期处于休眠状态的"固定行动模式"复苏了，就像松鼠采集坚果和鸟儿筑巢一样。遗传学家发现，在出现了两个或两个以上囤积癖患者的家族，其成员有着相似的基因结构（位于14号染色体上），而神经学家则发现部分囤积癖患者有额叶前部受损（这一部分大脑控制着计划与组织行为）和前扣袋皮层活跃度较低（与动机、注意力和决策密切相关）的情况。不过，这些神经病学发现并不能证明有些人注定要患囤积癖——大脑构造的差别可以反映，但不能决定行为。弗罗斯特和斯特基蒂推测，囤积癖患者通过遗传获得了一个或多个可能导致囤积癖的特征——对细节的极度敏感，或是不同寻常的记忆提取方式——但只有经历过情感伤害，囤积癖才会真正萌发出来。

尽管囤积癖在2013年被美国精神医学会的《诊断与统计手册5》收录，正式成为一种特定精神疾病，但仍有许多人认为囤积只是一种怪异行为，不能算作疾病。社会学家艾伦·V·霍维茨（Allan V. Horwitz）也曾表示："社会越轨行为从本质上说——不论是杀人、捡垃圾，还是裸奔——都不是精神失常的表现。"霍维茨认为，我们对囤积的恐惧部分源于"道德恐慌"，即不愿承认自己对社会和自身的阴暗面存在迷恋。在特定情形下，囤积物品也可能是节俭、明智的选择——为了应对未来可能出现的资源匮乏——而丢弃物品则是鲁莽、浪费甚至不道德的行为。20世纪末，富裕地区的生产过程不断降本增效，人们可以轻松地获得越来越多的低价商品，极度丰富的物资让一些人感到不知所措。此时的设计师开始推崇一种现代美学，他们抛弃了复杂而烦琐的设计，转而强调光线与空间、简洁的线条和清爽的表面。1996年，瑞典家居品牌宜家号召英国人"扔掉家里的花布"。一时间，古董的价格直线下跌。电视台纷纷开始制作关于囤积癖的纪录片，比如《囤积狂人》《隔壁的囤积狂人》《超级乱屋》和《收纳达人近藤麻理慧》等。

斯科特·赫林（Scott Herring）在《囤积狂人》中指出，

囤积狂的出现是在提醒我们关注当下社会"过度富足",人们"已经拥有很多,却仍然无止境地渴望,而且能够得到更多"的现象。堆积如山的物品戏剧性地展现出了人与物的畸形关系,不论是我们渴望的物品,还是想要用物品填补的欲望,都是无意义的。如果强迫购物是消费文化发展过度的结果,那么强迫囤积就是对这种文化的愚弄和反向模仿——消费者不再消费了。人的所有物不再是战利品,而像是俘虏或负担,让人感到压抑。

在俄罗斯,囤积癖也被称为"泼留希金综合征"——泼留希金是尼古拉·果戈理(Nikolai Gogol)在《死魂灵》(*Dead Souls*,1842)中塑造的人物,是一个富有而吝啬的地主。泼留希金不仅囤积属于他的东西,就连别人掉在他庄园里的垃圾也不放过。故事的叙述者警告读者:"当你从青葱岁月走向严酷的成人时光,请一定保管好你身为人的感情!千万别在路上弄丢了它们,否则你永远也找不回来了!"果戈理认为,泼留希金的行为是本末倒置的:在贪婪地囤积物品的同时,他无意识地丢失了自己的人性,让后者像垃圾一样,散落在了路旁。

英国作家查尔斯·狄更斯在《荒凉山庄》(*Bleak House*,1853)中也塑造了一位泼留希金式的人物——经营布料和瓶子生意的文盲商人克罗克(Krook)。克罗克积攒了成袋的女人头发,还有一堆他看不懂的老文件。"这些全是游进我网里的鱼,"克罗克说,"我可舍不得放过手里的任何一样东西。"当故事过半——这个故事本身也堆满了各色事件——这个整日泡在杜松子酒里的落魄商人在店铺后方的杂货堆里自燃了,只留下一团黑灰、一摊油脂和那堆他从未读过的宝贝。

20世纪90年代初,美国作家珍妮特·马尔科姆(Janet Malcolm)计划写作一本关于西尔维娅·普拉斯(Sylvia Plath)[1]的书,在搜集材料期间,马尔科姆被一位采访对象极其混乱的房间深深震撼了,那是位于东英格兰小镇贝德福德的一间"杂乱无章、堆满了东西的仓库"。"墙边,地上,所有能放东西的地方都堆着成百上千件物品,"马尔科姆在《沉默的女人》(*The Silent Woman*, 1994)中写道,"那房子就像一间二手商店,而且被匆匆塞进了其他10间二手商店的东西,每件东西上都落着一层灰——不是普通的浮灰,而是层层叠叠的尘土——这些经年累月的灰尘有了自己的'身体',成了一件'物品'。"

结束拜访后,马尔科姆不禁想,自己如此讨厌那间混乱的房子,或许是因为屋内混乱的场面让她想到了自己在写作上遇到的困难。要把普拉斯的故事讲好,马尔科姆必须精心筛选搜集到的庞杂信息,舍弃大部分内容,"用少数想法、形象、感觉创造一个有序的空间,吸引读者驻足,而不是把他们吓跑。"但对传记作者来说,舍弃材料就像囤积狂丢弃物品一样,是对事实的歪曲。那间房子之所以让马尔科姆感到不安,是因为它象征着马尔科姆即将背弃的事实。"房内的物品是最原本的事实,不论如何繁杂、

---

[1] 西尔维娅·普拉斯(1932—1963),美国自白派诗人,是继艾米莉·狄金森和伊丽莎白·毕肖普之后最重要的美国女诗人。——译者注

无序、混乱、冗余、真实,"马尔科姆写道,"那是一则不美丽的寓言故事。"而她要讲的故事更优雅、更宜人,但不够真实。

另见:洗漱恐惧症 偏执狂 不洁恐惧症 无手机恐惧症 购物狂 社交恐惧症

活埋恐惧症　Taphephobia

意大利精神病学家恩里科·莫尔塞利（Enrico Morselli）创造了"活埋恐惧症"一词——来自希腊语"taphe"，意思是"坟墓"——以描述一个非常害怕被活埋的患者的表现，这名患者甚至在遗嘱中明确要求人们在他的棺材里放上蜡烛、食物、水，还要留好气孔。莫尔塞利在1891年写道："这名患者曾听过、读过一些看似已死的人被活埋的恐怖故事，害怕同样的事也会发生在他身上。"想到活埋，他感到"无力改变或阻止，因为那时他已经失去了意识，即便还有意识，他也动弹不得，不能用手势、动作、语言告诉别人他没死，他还活着。"

活埋曾是真实存在的危险，作为一种刑罚，它的处罚对象包括古罗马帝国违背了贞洁誓言的处女、中世纪时罗马城中拒绝忏悔的杀人犯和17世纪杀死了丈夫的俄国女人。当时有许多濒死未死之人被草率地宣告死亡，匆忙下葬。18世纪，人们在重新打开的数个棺材里发现了指甲撕裂、膝盖脱臼、手肘满是血迹的尸体。在《墓中尸体的尖叫与咀嚼》（*Treatise Concerning the Screaming and Chewing of Corpses in their Graves*, 1734）中，迈克尔·兰夫特（Michael Ranft）将这一现象归因于超自然因素的影响，不过，大多数人仍然认为这是活埋的证据。

活埋恐惧症曾一度在德国盛行。正如詹·邦德森（Jan Bondeson）在《活埋》（*Buried Alive*, 2001）中记述的那样，不伦瑞克[1]的费迪南德公爵（Duke Ferdinand）在1792年订制了一副棺材，要求棺材要有窗户、通风孔、一把能从内部打开的锁，钥匙则放在他裹尸布的口袋里。同时期的一位德国牧师提议把教堂挂钟的绳子延长，一直牵到他的棺材里。在此后的许多年里，德国陆续出现了数十种形式各异的"保险棺材"，有的甚至配有锤子、鞭炮和警报器。

活埋恐惧在19世纪愈演愈烈。"活埋，"邦德森写道，"已经成了人们日常生活中最恐惧的情形之一，欧洲各地的学者发表了大量以此为题的作品和论文。"作家认为，僵直性晕厥和昏迷常被误认为死亡，更有人声称超过十分之一的人都是被活埋的。

埃德加·艾伦·坡的短篇小说《活埋》（*The Premature Burial*, 1844）进一步刺激了人们对活埋的恐惧。"我扭动身体，"故事的主人公说道，"痉挛般地拼尽全力想要把盖子推开，但它纹丝不动。我伸手去摸铃绳，可怎么也摸不着。"他这样描述周围环境："潮湿的泥土散发着令人窒息的雾气……狭小空间的束缚、极夜般的黑暗、汪洋般的宁静、看不见却切实存在的爬虫[2]、所有的一切……将极度骇人，连最大胆的想象都不敢触及的恐惧塞入棺内之人的心脏——那颗仍在跳动的心脏。"

---

[1] 德国中北部城市。——译者注
[2] 原文为Conquerer Worm，意为"征服者爬虫"。*The Conquerer Worm*是埃德加·艾伦·坡的一首诗，诗中的天使正在观看戏剧，剧目内容是人类被象征死亡和虚无的"征服者爬虫"吞没。——译者注

1831—1832年，霍乱在英国流行，死去的病人被匆忙埋葬，挑动着英国人害怕活埋的神经。人们设计出了更加保险的棺材，其中一些还配有储存酒水、食物的隔层。一些活埋恐惧症患者彻底拒绝下葬。据说，曾提议在棺材盖上装铁铃铛的发明家查尔斯·贝特森（Charles Bateson）因为太过害怕被活埋，最后选择了用亚麻籽油浸透衣服然后自焚的方式与世界道别。发明炸药的瑞典化学家阿尔弗雷德·诺贝尔（Alfred Nobel）要求人们在他死后放干他的血液，然后烧掉尸体。还有人用各种方法确保自己在下葬时已经死亡，比如作曲家弗雷德里克·肖邦（Frédéric Chopin）要求人们在葬礼前将他"开膛破肚"；童话作家汉斯·克里斯蒂安·安徒生（Hans Christian Andersen）每晚都会在床头放一张字条，告诉人们他没死，只是睡着了。

19世纪末，被活埋的风险逐渐降低，于是，活埋恐惧变成了一种病症——医学进步让确定一个人的生死变得容易。但活埋恐惧依然存在——21世纪初，巴西企业家弗洛伊德·德梅洛（Freud de Melo）为自己建造了一间配有通风口、水果储藏室、电视机和扩音器的地下室。过早下葬的事件仍然偶有发生——2001年，马萨诸塞州的一名殡仪馆工作人员听到尸体袋里传出了咕噜声，原来，袋中那名因吸毒严重过量而陷入昏迷、即将下葬的39岁妇女正慢慢苏醒过来。

另见：幽闭恐惧症　黑夜恐惧症

电话恐惧症 Telephonophobia

1913年，巴黎一间医院的医生首次确诊了"电话恐惧症"。他们发现，一位名叫"X夫人"的病人总是在电话铃响时表现得极其痛苦、恐惧，而当她拿起电话，她会四肢僵硬，几乎说不出话来。威尔士的一家报纸表达了对这一困境的理解。"仔细想想，其实所有电话用户都有这样的烦恼，"《默瑟尔快报》(*Merthyr Express*)表示，"这种名叫'电话恐惧症'的病非常普遍。"

在电话刚刚出现的那些年，许多人担心自己在接电话时触电，就像第一次世界大战中的罗伯特·格雷夫斯[1]（Robert Graves）一样。当时，格雷夫斯正在接听一位战友的电话，突然间，一道闪电击中了电线，他被强电流打得直接转了个圈。这位诗人说，此后十年，每到非打电话不可的时候，他都会口吃、出汗。乔治五世的遗孀玛丽王后出生于1867年，她的电话恐惧一直持续到人生的最后——1953年王后去世后不久，她的大儿子温莎公爵曾向媒体透露，母亲一生都没有接过电话。

在一些人看来，电话是邪恶的、带有入侵意味的设备。"它在中产阶级的人家自顾自地响着，没有任何预兆，"文学学者戴维·特罗特形容，"把这些人家彻底搅乱。"电话"命令式的"

---

1 罗伯特·格雷夫斯（1895—1985），英国著名诗人，曾在第一次世界大战中服役，后任教于牛津大学。代表作包括《向一切告别》《克劳狄乌斯自传》《白色女神》等。——译者注

铃声是对隐私的侵犯，突兀而冷酷。1910年左右，生活在布拉格的弗朗茨·卡夫卡（Franz Kafka）[1]也开始恐惧电话，他认为电话把人声和肉体分割开来的能力是违背自然法则的。在卡夫卡1917年的短篇小说《我的邻居》（*My Neighbour*）中，一个年轻的商人幻想竞争对手可以透过墙壁偷听他的电话，就好像电话能够突破一切物理障碍一样。

现在，我们有了更多的远程通信方式，接打电话的恐惧也悄然回归了。2013年，研究人员对2500名18—24岁的英国上班族进行了调查，结果发现94%的受访者更愿意发邮件而非打电话，40%的受访者在打电话时感到紧张，5%的受访者"非常害怕"打电话。到2019年，情况似乎更加恶化了：在500名不同年龄段的英国上班族中，有62%的人对打电话感到焦虑。有人担心自己没准备好，打电话时会说出愚蠢或奇怪的话；也有人担心自己听不懂对方的意思；还有人害怕被人偷听——在开放的办公环境中，不只是通话对象，其他同事也能够听到、评判你的发言。调查结果还显示，最恐惧电话的群体也是最年轻的群体：76%的千禧一代（出生于20世纪80—90年代的人）表示电话铃声让他们感到焦虑。

黛西·布坎南（Daisy Buchanan）在2016年发表于《卫报》的一篇文章中表示，与老一辈相比，她和朋友们不仅对打电话的

---

[1] 弗朗茨·卡夫卡（1883—1924），出生于捷克，小说家，现代派文学奠基人之一。代表作包括《美国》《审判》《变形记》《判决》等。——译者注

适应程度更低，对这一行为给他人造成的影响也更加敏感。"千禧一代对打电话的态度的转变来源于对礼仪的思考，"布坎南写道，"我们这一代人在成长过程中接触了各式各样的沟通方式，并逐渐向对人干扰最小的方式靠拢，因为我们知道这些方式都给人怎样的感觉。"没有事先说明的来电会让人感到鲁莽、急迫，就像一个世纪前一样。这是一种强制性的沟通方式，让人无法忍受。

另见：演讲恐惧症　无手机恐惧症　社交恐惧症

数字 4 恐惧症　Tetraphobia

对数字 4（古希腊语为"tessares"）的非理性恐惧在东亚国家非常常见，因为在普通话、广东话、韩语和日语中，数字 4 的发音和"死"非常接近。

东亚的许多建筑会有意避免用数字 4 标识楼层和房间，包括 4、14、24、34 等。在中国香港的一些酒店，39 层的下一层是 50 层（没有 40—49 层）。在韩国、中国大陆及台湾地区，船只和飞机的编号极少以 4 结尾，世界各地的中餐厅和日料店也大都不喜欢这个数字。有的数字组合被认为是特别不吉利的，比如在普通话中，"514"听起来像"我要死"，"748"像"去死吧"，

"74"像"气死"或"已死"。

大部分人的数字4恐惧只是一种轻微的迷信，但少数人的恐惧却是严重的偏执。周欣是一个香港女孩，小时候，她曾笑话父亲对数字4的恐惧，但长大以后，她也开始害怕这个数字了。一开始，她的恐惧更像一个怪癖——她会避开电影院的第4排座位、不选有数字4的电话号码。但当她经历艰难的备孕，好不容易怀上第一个孩子以后，她的数字4恐惧症彻底爆发了。她觉得怀孕得益于神秘力量的应允，而非自己的努力，因此，不挑衅命运似乎是最安全的做法。她在博客中回忆："超市里充满了挑战。上帝禁止我买4样东西、使用4号收银台，我总是像猎鹰一样盯着收银台的显示屏。要是商品总价出现了数字4，我就会心跳加速，手心出汗。我会赶紧多拿一包口香糖、薯片、电池或其他什么放在结款台上，让数字4从显示屏上消失。"

2001年，《英国医学期刊》（*British Medical Journal*）刊登了一篇文章，圣地亚哥的一组研究人员对1973年至1998年间全美人口的死亡数据进行了分析，结果发现，亚裔美国人在每个月第4天因心脏衰竭去世的概率比其他任何一天都高，而且这一高峰过后，补偿性回落并不会出现。这一现象在当时聚居着全美40%以上的亚裔美国人的加利福尼亚州更为明显：每月4号，亚裔群体因心脏病去世的概率较平时高出27%。文章作者推测，加利福尼亚州庞大的华人和日本人群体让数字4恐惧症变得更加严重了。

研究人员将这篇论文命名"'巴斯克维尔的猎犬'效应：一项关于心理压力对死亡时间影响的自然实验"。《巴斯克维尔的猎犬》(*Hound of the Baskervilles*)是阿瑟·柯南·道尔于1902年发表的悬疑故事，解密的关键便是人可能因恐惧而心脏病发作、去世的事实。这一假设极难验证，因为已死之人无法说出临终前的感受。但《英国医学期刊》对数字4恐惧症的影响分析似乎证实了恐惧是可以致命的。

另见：计数癖　数字13恐惧症

海洋恐惧症　Thalassophobia

海洋恐惧症——来自希腊语"thalassa"（海洋）——是对庞大水体的强烈恐惧。害怕海洋是自然的反应，因为那里危机四伏——我们可能被激流、海啸或风暴所困，也可能被水母蜇伤、被鲨鱼攻击。对海洋的恐惧不仅在《海神号遇险记》(*The Poseidon Adventure*, 1972)《大白鲨》(*Jaws*, 1975)和《泰坦尼克号》(*Titanic*, 1997)等电影中有所体现，也孕育了众多深海怪物的传说。希腊人害怕斯库拉（Scylla）[1]、卡律布狄斯（Charybdis）[2]和许德拉（Hydra）[3]，挪威人害怕克拉肯（Kraken）[4]，日本人则害怕河童（Kappa）[5]，冰岛和凯尔特的水手担心出航时遭遇海豹人（Selkie）[6]，秘鲁人不愿遇到亚库马马（Yacumama）[7]，而波利尼西亚人则不想遭遇塔尼瓦（Taniwha）[8]。这些怪物会从深海中浮起，把人一口吞下。在H.P.洛夫克拉夫特（H. P. Lovecraft）[9]的短篇小说《大衮》（Dagon，1919）中，一位海难幸存者这样说道："那东西从漆黑的海底蹿入我们的视野，好似巨大的水蚤，样貌令人作呕；它行动飞速，像是从噩梦中跑出的巨怪。"

2020年，多位生物学家在《海洋科学期刊》（Journal of Marine Science）上联名发表文章，警告称海洋恐惧正威胁着地球。这些生物学家认为，深海恐惧限制了我们对海洋的保护。低于海平面6000米的海层——即以希腊神话中冥界之神哈得斯

---

[1] 希腊神话中的女海妖，有六头十二臂，会吞吃水手。——译者注
[2] 希腊神话中的女海妖，外形是巨大的旋涡，会吞噬途经的所有船只。——译者注
[3] 希腊神话中的九头怪蛇，生活在沼泽中，它吞食田地，蹂躏人畜，无恶不作。——译者注
[4] 挪威传说中的北海巨妖，能轻易将大型船只绞成碎片。——译者注
[5] 日本民间传说中居住在河里的妖怪。——译者注
[6] 传说海豹人在水中是海豹形态，到陆地上就化为人形。——译者注
[7] 传说中栖息在亚马孙森林里的巨蛇，Yacumama在当地的克丘亚语中是"水之母"的意思。——译者注
[8] 毛利传说中的水怪。——译者注
[9] H. P. 洛夫克拉夫特（H.P. Lovecraft，1890—1937），美国小说家，尤以怪奇小说著称。代表作包括《克苏鲁的呼唤》《星之彩》《疯狂山脉》《印斯茅斯之影》等。——译者注

（Hades）的名字命名的"超深渊区"（Hadal zone）——因为矿石开采、拖网捕鱼、污水排放、塑料垃圾和放射性废物倾倒等人类活动而受损尤其严重。海洋生物学家认为，电视纪录片夸大了深海的怪异和神秘，让我们不愿亲近那片亟须人类关爱的地区。例如英国广播公司系列纪录片《蓝色星球》（*Blue Planet*）中关于深海的一集，大卫·阿滕伯勒（David Attenborough）[1]将那里形容成一个"异世界"，"四下无光""漆黑一片"——是一片居住着各种"违背了正常时间法则"的"奇怪生物"的"巨大黑色虚空"。生物学家指出，这些负面和"错误"的描述会让人想象出一种"陌生、悲惨、无情，和现实世界毫不相关的环境"。他们强调：深海生物不是怪物，我们之所以觉得斧头鱼、尖牙鱼和龙鱼长相怪异，是因为它们为了适应黑暗或低亮的生存环境而进化出了巨大的眼睛、下巴和牙齿等不常见的特征。深海同样有漂亮、精致的物种：在昏暗光线下闪烁的红腿虾和半透明的粉色蜗牛，生长在黑暗海底、如羽毛般摇曳的海百合。海洋生物学家认为，我们应该竭尽所能保护这片水中仙境——地球上最大，或许也是最重要的生物栖息地。

另见：洗漱恐惧症　恐水症（恐惧溺水）　海草恐惧症　恐水症（狂犬病）　皮划艇恐惧症　黑夜恐惧症

---

[1] 大卫·阿滕伯勒（1926—），英国生物学家、博物学家、英国广播公司电视节目主持人及制作人。代表作包括《生命之源》三部曲和《蓝色星球》等。——译者注

生育恐惧症 Tokophobia

2001年的一项调查显示，6%的妊娠期妇女病态地恐惧生育，14%的女性即便想要孩子，也会由于这一原因回避、推迟，甚至终止妊娠。2000年，克里斯蒂娜·霍夫贝里（Kristina Hofberg）在《英国精神病学期刊》（*British Journal of Psychiatry*）上发表文章，首次使用了"生育恐惧症"（tokophobia）一词——来自希腊语"tokos"，意思是"出生"——但早在1858年，法国精神病学家路易·维克托·马尔塞（Louis Victor Marcé）就注意到了生育恐惧的表现。他发现，极度恐惧分娩的女性可分为两类：第一类是首次怀孕的女性，她们"被未来可能经历的疼痛吓坏了，并因此陷入了无法言说的焦虑"；另一类是已经有了孩子的母亲，她们对生育的恐惧来源于此前痛苦的分娩经历。

1978年，法国医生莫妮克·彼得罗斯基（Monique Bydlowski）和安妮·拉乌尔－杜瓦尔（Anne Raoul-duval）发表了一篇颇具影响力的研究报告，两位研究人员对10名有过漫长而痛苦的分娩经历，并在此后噩梦不断，担心再次怀孕的女性进行了分析。"分娩，"她们总结道，"尤其首次分娩，会让女性因为过程的痛苦和独自面对死亡的危险感到极大的压力。"对尚未生育的女性来说，生育恐惧可能是其他创伤经历引起的，比如性侵或可怕的图像、故事。英国演员海伦·米伦（Helen Mirren）在修道院学校上学时观看过一部详细展现了分娩过程的影片，当时她便发誓永远不生孩子。她在2007年表示："我发誓，直到今天，那件事还在影响我。我没有孩子，也不想看到任何有关生育的东西。那让我感到无比恶心。"

一些女性不仅害怕分娩的过程，尤其它给母亲和孩子带来的危险，还同样害怕有东西从自己的身体里出来。在罗曼·波兰斯基的电影《罗斯玛丽的婴儿》（Rosemary's Baby，1968）中，一个年轻的妻子坚信是魔鬼让她怀了孕。随着时间流逝，她总感到一阵阵强烈的腹痛，她非常恐惧自己肚子里的东西。临盆时，罗斯玛丽因麻醉陷入了昏睡，醒来后，她连忙来到婴儿的摇篮前，她掀开帘子，却被自己生出的东西吓得一连后退了好几步。

另见：血液-注射-损伤恐惧症　恶魔附身妄想症　呕吐恐惧症　不洁恐惧症

毛发狂　Trichomania

"毛发狂"一词首次出现在英国诗人罗伯特·格雷夫斯（Robert Graves）1949年的一篇文章中，作者以此形容疯狂迷恋毛发的人。在《普通的日光兰》（*The Common Asphodel*）中，格雷夫斯表示，17世纪诗人约翰·弥尔顿（John Milton）[1]就是一个毛发狂。格雷夫斯说，在剑桥的基督学院，弥尔顿因为头发浓密而被同学调侃为"基督女士"，作诗时，他也偏爱使用"卷发、迷宫、奇异绳结、难解之结[2]和古怪的曲线"等词语。

在弥尔顿生活的年代——剪短头发、刮净胡子的圆颅派（Roundhead）[3]和戴着长而卷的假发、蓄着胡子的骑士派（Cavalier）针锋相对的年代——头发被赋予了深厚的道德、宗教、性和政治意义。自由而飘逸的长发可能是纯真的象征，也可能是享乐主义、精英主义、丹蒂主义[4]、女性特质、异国风情或情色的体现；相反，短发则代表纪律、克制、男子气概。在《失乐园》（*Paradise Lost*）中，弥尔顿用亚当打着卷儿的"可爱发丝"比喻人类堕落前伊甸园中的自由，而夏娃"蓬乱""放肆的卷发"则是堕落的先兆。

格雷夫斯认为，2世纪的作家阿普列乌斯（Apuleius）[5]也

---

1 约翰·弥尔顿（1608—1674），英国诗人、政论家。代表作品包括《失乐园》《复乐园》《力士参孙》等。——译者注

2 "难解之结"（Gordian Knot）一词出自古希腊传说：Gordius是公元前4世纪小亚细亚地区的一个国王，他用一根绳子把一辆牛车的车辕和车轭系了起来，打了一个找不到绳头的死结，并宣称能打开这个绳结的人必将称王亚洲。绳结一直没人解开，直到公元前3世纪，亚历山大大帝拔出佩剑，一下把这个死结斩断了。此后，Gordian knot便用来指"难以解决的问题"，而cut the Gordian knot则指"快刀斩乱麻"。——译者注

3 英国内战时期的议会支持者，因留短发而得名"圆颅"。——译者注

4 特指男性追求精致装扮的风尚。——译者注

5 阿普列乌斯（约124—约170），古罗马作家，主要作品有《金驴记》。——译者注

是毛发狂。在《金驴记》中，这位古罗马诗人饱含爱意地描绘了女人的发髻高高盘起，卷曲的发丝垂落在背后的模样，她们的头发是金色、蜂蜜色的，或"像乌鸦的翅膀一样漆黑，不时闪过一抹淡蓝，好似鸽子脖颈处的羽毛"。

人们对毛发的狂热在19世纪达到顶峰，拉斐尔前派的画家无不沉醉于女神瀑布般浓密、诱人的秀发。在《性心理变态》（*Psychopathia Sexualis*）中，理查德·冯·克拉夫特·埃宾（Richard von Krafft-Ebing）详细记录了毛发狂导致变态行为的真实案例。一个30多岁的男性总是渴望吮吸浓密的黑发，外出时，他会控制不住自己，把嘴唇贴在黑发女孩的头上。1889年，一名40岁的锁匠在巴黎的特洛卡德罗音乐厅被捕，他的口袋里装着一把剪刀，手里还攥着一束头发。他承认当晚剪掉了一位年轻女士的头发，并解释说只有梳理、爱抚或把脸埋在女人的头发里才能让他达到性高潮。警察在他家里发现了65束保存在不同包装里的头发，还有各式各样的发卡和丝带。

在夏尔·皮埃尔·波德莱尔（Charles Pierre Baudelaire）[1]的《发丝中的半球》（*A Hemisphere in Her Hair*，1857）中，诗人把脸埋在爱人的头发里：

在你秀发的灼热怀抱里，我呼吸着烟草、鸦片、方糖的气息；

---

[1] 夏尔·皮埃尔·波德莱尔（1821—1867），法国现代派诗人，象征派诗歌先驱，代表作有《恶之花》等。——译者注

在你发丝的黑暗中,我看到了无边的热带蔚蓝;在这片柔软的海岸上,我为焦油、麝香和椰子油的气息沉迷。

"请让我长久地沉浸在你的青丝之中,"他恳求道,"当我轻咬你富有弹性的秀发,我仿佛在咀嚼回忆。"

另见:胡子恐惧症 拔毛癖

拔毛癖 Trichotillomania

1906年,一名24岁的女性来到精神病学家皮埃尔·让内的诊所,她摘下金色的假发,把让内吓了一跳。"她的头上只剩几缕稀疏的短发,"他写道,"满头都是巨大的秃斑。"一开始,让内以为这是严重脱发的结果,但年轻的姑娘否定了他的猜测。她说,在过去的18个月里,她不停地拔头发、把头发吃掉。这一情况是在她离开农村老家,到巴黎给一户人家做女佣之后开始的,她说自己的雇主非常苛刻、傲慢,她特别想家。让内发现,这位患者在其他方面很理性、很正常,她只有"一种冲动",那就是拔掉头发,"感受随之而来的一丝疼痛"。

1889年,皮肤科医生弗朗索瓦·阿洛波(François

Hallopeau）发明了"拔毛癖"（trichotillomanie）一词（thrix 指"毛发"，tillein 指"拉扯"），以形容一位病人将头发一撮撮拽下的行为。文学作品中，人们常用"撕扯头发"表现人物的沮丧，但现实生活中，撕扯毛发往往是系统性、有条不紊的行为，而非冲动、疯狂的举动。拔毛癖患者将头发、睫毛、眉毛一根根拔下，有时甚至不放过阴毛。

拔毛癖的患病率约为 2%。其中儿童的患病率是成年人的 7 倍，女性的患病率是男性的 9 倍。拔毛可能是无意识的——在看电视或走神时自然发生——也可能是经过思考的有意为之。《儿童心理学与精神病学期刊》（*Journal of Child Psychology and Psychiatry*）对拔毛癖有这样的解释："如果发现了奇怪的毛发（比如太硬、太卷、太弯、太直或其他任何不同），病人就会将它拔下并仔细检查，甚至把毛发的根部或整根毛发吃掉。患者可能在丢弃毛发前将它们收集起来，摆在一起。拔毛癖发作时，患者可能在 4—5 个小时内拔掉数百根毛发，也可能只拔几根就停下，但在一天之内重复几十次。"

一些研究报告认为，以身体为中心的重复行为障碍患者大都对声音和材质特别敏感：他们撕扯毛发的目的是转移被外部刺激物持续吸引的注意力。也有人认为拔毛癖是人类自我清洁的本能病态发展的结果，而这一行为最初的目的是清除寄生虫、避免感染。还有一些人认为习惯性拔毛是一种自我保护行为，患者以此对抗分离焦虑、治愈创伤、驱赶情欲。拔毛癖的治疗可以选用改变大脑功能的药物——例如选择性血清素再吸收抑制剂,也可以采用行为习惯逆转疗法——让患者懂得分辨发病的先兆,并有意识地培养拔毛以外的替代反应,比如握拳。

许多躁狂症和恐惧症是模仿的结果,但拔毛癖却是一种私密、伴有羞耻感的行为。这一病症总是藏在假发、帽子、化妆品和眼镜后面。2009年,杰迈玛·卡恩(Jemima Khan)在伦敦的一间诊所采访了多名拔毛癖患者,她发现这些患者都在想尽办法隐瞒病情。一名患者不愿靠近双层巴士,害怕上层的乘客会看到她头顶的秃斑;另一名患者对上楼梯、游泳、下雨和商店里装在高处的监控镜头特别敏感;还有一名女性患者从不和男友过夜。

1989年,一位30多岁的美国女性无意间发现自己不受控制的拔毛行为原来是一种"有名有姓"的病,而且患者远不止她一个人,这让她欣喜若狂。她在西雅图的一个广播节目上分享了自己的经历,并提到不久前她开通了电话求助热线。一天,她回到家,发现答录机上有600条信息。她说:"人们大哭、啜泣,希望得到帮助。"此后一周,她给每个人都回了电话。"这对我来说是最好的治疗,"她回忆道,"我能听到别人诉说和我一模一样的经历。"

在特定的时间和地点,拔毛也可能是被社会认可的行为。例如在古希腊和古埃及,女人撕扯头发是丧葬仪式的一环。印度的耆那教僧侣仍然延续着苦行(kaya klesh)的传统,他们在两小时内将头部和面部的毛发全部剔除,以此证明自己忍耐疼痛的能力。2018年,《医疗人类学》(*Medical Anthropology*)对拔毛癖进行了一次调查,令人惊讶的是,所有受访者都否认拔毛是一种"自残行为",相反,他们着重强调了拔毛给自己带来的愉悦和宽慰。正如皮埃尔·让内在1906年的论文中所写那样:"拔毛为患者带去了快乐和一种特殊的满足感,一时间,他们从一直笼罩着自己的疲惫和疼痛中解脱了。"

另见:抠皮症 偏执狂 剔甲癖 胡子恐惧症 毛发狂

数字 13 恐惧症　Triskaidekaphobia

对数字13(古希腊语中的"treiskaideka")的非理性恐惧在西方非常普遍。这一恐惧可能源自北欧神话中的诡计之神洛基(Loki):一次,十二主神[1]在瓦尔哈拉殿堂[2]聚会,没有受邀的洛基因此大怒,他擅闯宴会,成了到场的第13人,为了泄愤,他用黑暗诅咒了地球。数字13之所以让人感到别扭,还可能因为它无法被其他数字整除,而且我们习惯把事物归为12个一组

---

1 北欧神话共有12位主神。——译者注
2 北欧神话主神兼死亡之神奥丁接待英灵的殿堂。——译者注

（乘法表[1]、十二使徒[2]、一年中的月份、一天中的小时、星座甚至鸡蛋）。

"数字13总让我脊背发凉，就像有人用冰冷的手指抚过我的后背，"小说家斯蒂芬·金曾这样说道，"写作时，我从来不在第13页或13的倍数页停下，我一定会继续写，直到页码的数字到达安全范围。"为了适应人们的数字13恐惧症，酒店和公寓会"去掉"13号房和13号楼层；航空公司会"取消"飞机上的第13排座位；排屋的标号也会从12跳到14，13则用12a代替。每逢周五是13日，人们便不会在这天进行大额交易，也不会选择在这一天结婚。2004年，北卡罗来纳州[3]的压力管理中心和恐惧症研究所估计，由于人们拒绝在这些日子工作、乘飞机，美国每年会因此损失超过8亿美元（研究所所长为人们对"13日、周五"的恐惧专门创造了一个单词：parskevidektriaphbia，parskevi在现代希腊语中是"星期五"的意思）。

尽管一些医院的病床号和病房号会有意跳过数字13，但布里斯托[4]的索思米德医院并没有这样做。这间医院在2014年启用了布鲁内尔大楼，楼内的计数完全忽略了这一迷信。2015—2017年，医院的两名医生借此机会对比了13号床的病人和其他床病

1　指12×12乘法表，与9×9乘法表类似，最大数到12为止。——译者注
2　基督教术语，原意为"受差遣者"，指耶稣从追随者中拣选的12名作为传教助手的门徒。——译者注
3　位于美国东南部大西洋沿岸。——译者注
4　位于英格兰西南部。——译者注

人的治疗情况，结果发现，13号床和14—24号床病人的死亡率在统计学上并没有显著差异，如果非要说有什么不同的话，那么13号床病人的恢复情况可能更好一些。两名医生将研究发现整理成了一篇题为《急诊室的13号床不会降低患者的生存概率》（*Admission to Bed 13 in the ICU Does Not Reduce the Chance of Survival*）的论文，发表在2019年的《急救护理期刊》（*Journal of Critical Care*）上。

"我们希望这些数据能给恐惧数字13的患者、患者家属，还有我们的同事带去些安慰，"两位医生乐观地写道，"也让医院对病房和病床的编号少些迷信，多些理智。"

另见：计数癖　数字4恐惧症

密集恐惧症　Trypophobia

密集恐惧症是对紧密排布的孔洞或凸起的厌恶，这种恐惧症在2003年突然暴发，当时，一张好似布满了蛆虫的女性胸部的图片在网络上疯狂传播。那些对图片反应最为强烈的人——感到恶心、恐慌——发现许多人和自己一样，对类似的事物都很恐惧。人们创建了在线讨论和互助小组，2005年，一位来自爱尔兰、名叫路易丝（Louise）的组员发明了"密集恐惧症"（trypophobia）一词（来自希腊语"trupē"，意思是"洞"），用于形容组员们害怕密集孔洞的共同特征。后来人们发现，其实当初在网上疯传的图片是莲子荚和女性胸部的图片合成的，但即便知道真相，密集恐惧症患者对那张图片的反感也丝毫没有减少。各式各样的密集圆形结构都可能触发密集恐惧，比如海绵、藤壶、小圆烤饼、肥皂泡、蜂巢、瑞士干酪、石榴、冒泡的热饮、负子蟾的背部。"我完全无法盯着小洞看，"模特儿兼真人秀明星肯德尔·詹纳（Kendall Jenner）在2016年的一篇博客文章中表示，"那会让我极度焦虑，谁知道里面有什么东西。"

一开始，人们大都认为密集恐惧症不过是网络文化的产物。这似乎是一种情绪传染病，一种仅靠暗示就能够致病的心因性焦虑。许多有关密集恐惧症的网络论坛上满是孔洞的图片，似乎是要引起而非减轻人们的恐惧。不过，这些网站的部分用户表示这是一种暴露疗法，他们想通过反复接触、增加熟悉度的方式让自己脱敏。还有人坦言面对多孔的物体，他们总有破坏的冲动，他们想触碰、消灭让自己反感的东西。

一些科学家推测，密集恐惧症是一种进化适应，它出现的目的是保护人类免受病原体侵害——不规则的孔洞会让人想起疮、囊肿、水疱、皮疹、真菌、丘疹、脓疱，还有天花等传染病。2018年，阿姆斯特丹的一项调查显示，大部分人不喜欢"与疾病相关的密集物"，而密集恐惧症患者的这种厌恶进一步泛化到了其他布满孔洞和凹痕的表面上。在回答"看到密集孔洞时是什么感觉"这一开放性问题时，许多密集恐惧症患者表示他们的皮肤会有被小虫爬过的瘙痒感。研究人员总结道："这些发现证实了密集恐惧症患者会自动将密集孔洞与体外寄生虫和通过皮肤传播的病原体联系起来的观点。"

通常情况下，密集恐惧不会干扰人的正常生活，它更像一种不适，而非恐惧，但对少数人来说，厌恶的感受可能非常强烈，甚至引起惊恐发作。"我会控制不住地大哭，呼吸加速，"俄亥俄州一名19岁的患者表示，不论是核桃，还是奶酪刨丝器，都能引起他的恐慌，"我的心怦怦地跳，胸口像压着石头，我多么希望这种感觉能停下，如果可以，我愿意用左腿交换。我想逃，但那种感觉在我的大脑里，不幸的是没人能逃离自己的思想。"

另见：恐虫症 纽扣恐惧症 不洁恐惧症

郁金香狂热　Tulipomania

国家和个人一样，都可能陷入疯狂，苏格兰记者查尔斯·麦凯（Charles Mackay）在《超乎想象的群体妄想与疯狂》（*Extraordinary Popular Delusions and the Madness of*

Crowds, 1841)中写道:"一时间,所有人都开始关注同样的事物,并疯狂追求它们;数百万人同时被一种妄想控制,并为之癫狂。"麦凯以1634年至1637年的荷兰"郁金香狂热"为例说明了这一情况,当时,郁金香球茎的价格突然暴涨,而后迅速回落,许多投机者的生活就此毁于一旦。

16世纪中叶,郁金香从土耳其传入西欧——郁金香在波斯语和土耳其语中是"头巾"的意思,人们以此形容郁金香花朵的形状——在黄金时代的荷兰,郁金香是身份地位的象征,当时的荷兰是全世界最繁荣的国度。价值最高的郁金香色彩艳丽,花瓣上点缀着羽毛般的黄色和白色条纹。这种花色是病变的结果,因此培育速度最慢,成本也最高。

郁金香商人创造了自己的期货市场——他们在春、夏两季签订购买协议,预定将在季末采摘的球茎。1636年,据说一些合约一天之内能"十易其手",价格一路飞升,到了令人咋舌的地步。根据一位当代作家的说法,1朵总督郁金香可以兑换4头肥牛、8头肥猪、12只肥羊、2桶葡萄酒、4桶啤酒、2桶黄油、大约453千克奶酪、1张床、1套衣服、1只银杯,外加大量的小麦和黑麦。麦凯的书中还记录了一个可能是杜撰的故事:一个饥饿的水手把商店柜台里的郁金香球茎误认为洋葱,于是偷走了一个,高兴地回到船边就着鲱鱼享用了一顿早餐。麦凯说,如果卖掉那朵郁金香,换来的钱将足够所有船员开销一年。

麦凯表示,郁金香狂热一发不可收拾。"这个国家的普通工业被彻底忽视了,所有人甚至最底层的人民,都开始进行郁金香交易……贵族、市民、农民、技师、海员、男仆、女仆,甚至烟囱清扫工和年迈的补衣妇都加入进来。各个阶层的人争相变现财产,用于投资郁金香。"所有人都以为郁金香狂热会永远持续下去,麦凯写道,"但1637年初,人们对市场的信心开始动摇,2月就彻底崩溃了。对此,荷兰政府无计可施,迈凯说,许多商人几乎沦为乞丐。"

有人认为麦凯夸大了郁金香狂热的程度。历史学家安妮·戈德加(Anne Goldgar)研究了当时的合约,表示其实郁金香市场的规模很小,市场崩溃造成的影响也很有限,她甚至没有找到证据能够证明有人因此破产。戈德加认为,对郁金香狂热的夸大描述是加尔文派作家有意煽动的结果,他们希望用郁金香狂热证明投机的邪恶。不过,她仍然认同这一事件的影响:"即便受到经济影响的人数不多,但郁金香狂热的影响仍是巨大的。整个价值网络都遭到了质疑。"对郁金香的渴望变成了狂妄、贪婪和资本主义狂热的象征。

另见:藏书癖 富豪妄想症/冥王星狂热

恐外症 Xenophobia

19世纪80年代，"恐外症"是"广场恐惧症"的同义词，是指对开放场所或公共空间的恐惧——"xenos"在希腊语中是"外国"或"奇怪"的意思——直到20世纪初，这一名词才被用于形容对不同种族、国籍或信仰的人的厌恶。恐外心理的具体表现形式有伊斯兰恐惧（Islamophobia，来自法语单词Islamophobie，首次出现在19世纪70年代，20世纪以后开始在西方流行）和犹太恐惧（出现于1847年，后来这一单词被更加流行的"反犹太主义"取代）。1923年，《纽约时报》将三K党对美国黑人的态度归结为恐外症，"一种对自由人民来说比瘟疫更加可怕的病"。

精神分析学家认为，恐外心理源于人对自身冲动的恐惧。"我们在其他人身上发现了自己也有但并不认同的特质。"在1942年逃离了纳粹魔爪的荷兰犹太人约斯特·梅尔洛（Joost Meerloo）写道，"于是，我们对这一特质的仇恨开始在内心滋长。事实上，我们仇恨的对象就是我们恐惧的化身，尽管那只是象征性的替罪羔羊……许多对少数群体的仇恨和迫害都源于未经分析、无法解释的恐惧。"

和其他恐惧症一样，恐外症也可能演变为生理上的厌恶。最新的社会心理学研究表明，文化刻板印象极易形成。"反复将外团体[1]的某个特征与负面情感联系起来，将导致这一外团体的所

---

[1] 在社会心理学中，内团体（in-group）是指成员有共同利益、对团体有归属感、相互联系紧密的社会群体，类似"小圈子"或"自己人"；外团体（out-group）是指内团体之外的其他社会群体。——译者注

有成员都被贴上负面的躯体标记[1]，"哲学家斯蒂芬·T. 阿斯马写道，"这是我们大脑的杏仁核在作祟。"2013年，大卫·阿莫迪奥（David Amodio）在纽约大学用实验分析了人们对种族差异的潜意识反应。但阿莫迪奥指出，我们同样可以通过训练让大脑学会抑制反社会冲动，利用复杂的前额叶皮层的判断能力来修正非理性的条件恐惧。"人类大脑非常善于控制和调节，"阿莫迪奥写道，"我们应该把这些偏见的存在视为提高认识、采取行动的机会。"

1997年，英国教育顾问罗宾·理查森（Robin Richardson）发表了一篇关于反穆斯林情绪的研究报告，让"伊斯兰恐惧症"一词变得流行起来；15年后，理查森再次发声，告诫人们不要再使用这一词汇。用恐惧症表述种族主义和民族主义只会适得其反，理查森在2012年表示，这一名词看似自然化、合理化了人与人之间的分歧，但实际上却阻碍了交流。"精神错乱和不理性是侮辱性的攻击，不出意外，这些指控只会更加激起人的戒备和对抗，"理查森写道，"让反思性对话变成不可能的事。"他认为，更好的方式是把种族主义和民族主义情绪视为焦虑的体现，而不是厌恶或疾病。

另见：同性恋恐惧症

---

[1] 躯体标记理论由神经心理学家安东尼奥·达马西奥提出，他认为人类会对经历过的行为打上消极或积极的情绪标签，当同一行为再次出现时，我们就会根据原来的情绪标签做出反应。——译者注

森林恐惧症　Xylophobia

"森林恐惧症"（xylophobia）是对森林的强烈恐惧，词源是古希腊语"xylon"，意思是"木头"。这种恐惧在《汉塞尔与格莱特》（*Hansel and Gretel*）和《小红帽》（*Little Red Riding Hood*）等童话故事，以及《鬼玩人》（*The Evil Dead*，1981）和《女巫布莱尔》（*The Blair Witch Project*，1999）等电影中都有所体现。森林里可能隐藏着野猪、熊、狼、女巫和野人。许多人在森林里迷失了方向，再也走不出来。

大卫·阿莱格雷·洛伦茨（David Alegre Lorenz）在《东线的恐惧和厌恶》（*Fear and Loathing on the Eastern Front*）中记述了苏联中北部的茂密森林给在第二次世界大战中与德国武装部队共同作战的法国、瓦龙[1]和西班牙志愿兵带来的恐惧。1941年，向苏联进军的士兵进入了森林，那里的地面植被肥厚、高高的树冠遮蔽了日光。西班牙法西斯首领迪奥尼西奥·里德鲁埃霍（Dionisio Ridruejo）回忆道："森林里满是水坑，气味浓重；本就昏暗的环境因为高大的冷杉和皮萨诺树而变得更黑了。"

志愿兵感觉苏联游击队就藏在树木之间——"我们被监视了，"一个法国士兵在白俄罗斯时说道，"那种感觉非常难受——你

---

[1] 瓦龙人是居住在比利时南部、东南部和法国边境地区有克尔特血统的法语民族。——译者注

知道100米外有人正盯着你，手里还拿着步枪。"还有士兵觉得有超自然力量在作祟。"那片森林唤醒了魔鬼。"一名西班牙士兵说道。还有另一名士兵在离开森林后仍然感觉"被森林里的鬼魂追赶，它们突破了森林的界限，紧跟后卫部队，游击队就在那里，森林把我们的秘密全泄露了"。

"森林和游击队是一伙的，"1943年，一名瓦隆志愿兵这样说道，"淤泥、雨水、冷杉，这些东西都让人感觉自己在和迷雾中的鬼魂战斗……这是苏联人的陷阱。"整片森林似乎都站在敌人那边。

洛伦兹认为，对原始森林的恐惧一直是西方对苏联认知的一部分，而东线战争的爆发再次挑动了这根神经。"苏联的森林，"洛伦兹写道，"让有关苏联和'野蛮东方'的传说变得具体。"1984年，罗纳德·里根（Ronald Reagan）[1]的一则竞选广告也包含了反苏情绪：广告打出了"林中有熊"的标语，短片中，一只巨熊（俄罗斯的传统象征）正在穿越一片幽暗的树林。

另见：幽闭恐惧症 黑夜恐惧症 海洋恐惧症

---

[1] 罗纳德·里根（1911—2004），第40任美国总统。——译者注

动物恐惧症 Zoophobia

动物恐惧症（zoophobia）——来自希腊语"zōion"，意思是"生物"——是对动物的过度恐惧。动物恐惧的对象可以是某种动物，也可以是动物这一整体。动物恐惧在世界各地都很普遍，1998年的一项调查显示，英国、美国、韩国、荷兰和印度人的动物恐惧程度十分接近，而在中国香港地区，人们的动物恐惧程度略高，在日本也是。人类最害怕的食肉动物包括老虎、短吻鳄[1]、湾鳄（crocodile）[2]、熊、狼、鲨鱼、狮子和蛇。其中，只有对蛇的恐惧会较为常见地发展为过度或非理性恐惧。让人既厌恶又恐惧的动物更可能让人产生非理性恐惧，这类动物中，排名前7位的有蟑螂、蜘蛛、蠕虫、水蛭、蝙蝠、蜥蜴和老鼠。

通过系统脱敏（在医生的引导下想象恐惧对象）加暴露训练（直接接触恐惧对象）的治疗，90%的动物恐惧症患者会有明显好转。但大部分患者不愿接受，或不能坚持完成治疗。因此，2018年，日本、美国和中国香港的几位神经科学家尝试寻找新的方法，在治疗过程中绕开患者的潜意识（conscious mind）[3]。

首先，研究人员使用功能性磁共振成像仪搭载的一项新功

---

[1] 短吻鳄产于美国东南部，头部较宽而嘴巴短且圆。——译者注
[2] crocodile可指湾鳄、尼罗鳄、暹罗鳄等多种鳄鱼，这些鳄鱼头部较窄，嘴巴较尖，成三角锥形。——译者注
[3] 指人类心理活动中未被觉察的部分，是已经发生但并未达到意识状态的心理活动过程。——译者注

能——功能性校准解码——检测没有动物恐惧的人面对特定动物时的脑部活动。获得数据后，科学家又对 17 名至少恐惧两种动物的被试者进行了检测。通过设置，科学家让仪器自动、随机地为每名被试者挑选一种他们害怕的动物——科学家和被试者都不知道选择结果——当被试者的腹侧颞叶皮层的活动状态与这种动物对应的数据吻合时，屏幕上就会出现一个灰色圆盘。为了引导被试者尽可能长时间地将思绪固定在同一对象上，研究人员告诉他们，灰色圆盘越大，他们得到的物质奖励就越丰厚。

实验过程中，被试者始终没有"故意"去想自己害怕的动物。5 次实验后，他们依然无法确定仪器选择的对象。尽管如此，他们对被仪器选中的动物的恐惧程度（通过测量皮肤电导率等身体反应得知）都有明显降低，而对未被选中的对照组动物的恐惧程度没有任何变化。

研究人员表示："这项实验证明，功能性校准解码可以削减特定、亚临床、自然发生的恐惧引发的生理反应，而且治疗过程能够完全绕开人类的意识。"动物恐惧症患者把曾经害怕的动物和奖励联系了起来，甚至没有意识到自己想到了那种动物。

另见：恐虫症　恐猫症　蜘蛛恐惧症　青蛙恐惧症　恐犬症　昆虫恐惧症　恐马症　恐鼠症　恐蛇症

恐惧一览

PHOBIAS

水	鸟	血	猫
狗	马	蛇	衰老
动物	气球	胡子	脸红
扣子	生育	窒息	小丑
黑暗	牙医	尘土	孤独
蜘蛛	游泳	电话	打雷
火车	呕吐	洗漱	工作
活埋	螨虫	嘲笑	噪声
海洋	空地	他人	回文
老鼠	海草	寂静	睡眠
气味	演讲	注射	损伤
昆虫	棉花	人偶	鸡蛋
羽毛	飞行	青蛙	毛皮
细菌	成长	高处	森林
外国人	同性恋	皮划艇	长单词
爆米花	数字4	数字13	离开手机
密集孔洞	密闭空间	一切事物	无所畏惧
使用公厕	被人触碰		

狂热一览

MANIAS

火	笑	钱
性	酒精	被爱
书籍	计数	跳舞
恶魔	慷慨	毛发
拔毛	囤积	谋杀
自己	力量	悲伤
购物	叫喊	缩小
偷窃	行走	写作
撒谎	某件事	某个词
郁金香	犹豫不决	撕扯指甲
撕扯皮肤	触摸物体	披头士乐队
弗朗兹·李斯特		

致谢

我由衷感谢每一位曾与我讨论本书或阅读过其中章节的人，尤其在漫长的隔离期间。我要特别感谢安佳娜·阿乌哈（Anjana Ahuja）、格雷厄姆·戴维、罗丝·登普西（Rose Dempsey）、肖密特·杜塔（Shomit Dutta）、米兰达·弗里克（Miranda Fricker）、维多利亚·莱恩（Victoria Lane）、辛克莱·麦凯（Sinclair McKay）、露丝·梅茨斯坦（Ruth Metzstein）、罗伯特·兰德尔（Robert Randall）、约翰·雷丁（John Ridding）、劳伦斯·斯科特、苏菲·斯科特（Sophie Scott）、威克利夫·斯图奇伯里（Wycliffe Stutchbury）、本·萨默斯凯尔（Ben Summerscale）、朱丽叶·萨默斯凯尔（Juliet Summerscale）和弗朗西丝·威尔逊（Frances Wilson）。我还要感谢惠康收藏馆和大英图书馆的工作人员，感谢玛莎·斯图奇伯里（Martha Stutchbury）所做的精彩研究。

感谢所有参与本书制作的人，特别是惠康收藏馆的弗朗西丝卡·巴里（Francesca Barrie），还有 Profile Books 出版社的内森·伯顿（Nathan Burton）、亚历克斯·伊拉姆（Alex Elam）、安德鲁·富兰克林（Andrew Franklin）、洛蒂·法伊夫（Lottie Fyfe）、塞西莉·盖福德（Cecily Gayford）、艾伦·约尔（Ellen Johl），以及企鹅出版社的安·高朵夫（Ann Godoff）、弗吉尼亚·史密斯·尤斯（Virginia Smith Younce）和卡罗琳·悉尼（Caroline Sydney）。感谢凯特·约翰逊（Kate Johnson），她是最棒的文案编辑。还有我的著作经纪人乔治娅·加勒特（Georgia Garrett）、梅拉妮·杰克逊（Melanie Jackson）和我的助理霍诺尔·斯普雷克利（Honor Spreckley），感谢你们一如既往的支持。这本书献给我亲爱的儿子山姆（Sam）。